〈東京都・特別区「主任主事」受験対策〉

ポイントがよくわかる
地方自治法
100問
【高頻度出題問題集】

昇任・昇格試験アドバイス会

公人の友社

はしがき

〈ダダダダーン‥‥‥‥‥‥‥‥‥〉
世に知られたベートベンの「運命」の旋律である。
冒頭のわずか4つの音が、旋律の扉をたたく。
さて、あなたは、あなたの扉をどんな音でたたくのであろう。
運命に任せる人生では、閉塞感ただよう社会に勝てない。
扉は内から、しかも自分で開けたい。
その扉の一つに、「主任主事の試験」がある。
試験では、主任主事としての能力の実証が行われる。
能力の実証の範囲は、職員ハンドブックが中心とされている。
だが、過去問を見る限り、職員ハンドブックの内容だけでは十分ではない。
知識の追加が必要であり、また知識の整理も必要である。
そこで今般、東京都の主任主事試験や特別区の各区で実施される主任主事試験にも対応できるように、また特に頻繁に出題されている範囲を中心とした、「高頻度出題問題（地方自治法）」を編集した。
まずは、問題に当たり、その問題に必要とされている知識の要点整理に当たり、
そして問題の解説を理解していただきたい。
問題数は100問であるが、内容は試験に対応できるものとしてある。
まずは、100問から挑戦し、あなたの扉をたたいてもらいたい。
この本が、諸君の一助になれば幸甚である。

昇任・昇格試験アドバイス会

目　次

No.001	憲法による地方自治の保障	008
No.002	憲法の地方自治に関する条文	010
No.003	団体自治と住民自治	012
No.004	自治立法権	014
No.005	自治行政権	016
No.006	自治組織権	018
No.007	自治財政権	020
No.008	地方公共団体の3要素	022
No.009	地方公共団体の役割	024
No.010	普通地方公共団体	026
No.011	市町村の成立要件	028
No.012	市と町村の制度上の差異	030
No.013	大都市等に関する特例	032
No.014	憲法による地方自治の保障	034
No.015	合併特例区	036
No.016	地方公共団体の名称	038
No.017	地方公共団体の事務所	040
No.018	地方公共団体の区域	042
No.019	廃置分合の種類	044
No.020	廃置分合及び境界変更の手続	046
No.021	特別区の区域の変更	048
No.022	住民	050
No.023	選挙権・被選挙権	052
No.024	直接請求	054
No.025	事務の監査請求と住民監査請求	056

No.026	住民投票・請願制度等	058
No.027	国と地方公共団体との役割分担	060
No.028	地方公共団体の事務	062
No.029	自治事務と法定受託事務	064
No.030	都道府県と市町村との事務分担	066
No.031	条例による事務処理の特例	068
No.032	事務処理の原則	070
No.033	条例	072
No.034	条例の制定手続	074
No.035	規則	076
No.036	条例及び規則の効力・罰則	078
No.037	要綱行政	080
No.038	議会の設置と議員の定数	082
No.039	議員の兼職・兼業の禁止	084
No.040	議員の身分	086
No.041	議長・副議長	088
No.042	議会の権限	090
No.043	議会の議決権	092
No.044	議会の選挙権	094
No.045	議会の検査権	096
No.046	議会の意見書提出権	098
No.047	議会の調査権	100
No.048	議会の請願受理権	102
No.049	定例会と臨時会	104
No.050	通年議会	106
No.051	議会の招集	108
No.052	議会の委員会制度	110
No.053	常任委員会	112

No.	タイトル	ページ
No.054	議会運営委員会	114
No.055	特別委員会	116
No.056	議会の会議原則	118
No.057	議事の表決	120
No.058	議案の提出・議案の修正	122
No.059	議会における懲罰	124
No.060	長と議会との関係	126
No.061	一般的拒否権	128
No.062	特別的拒否権	130
No.063	不信任議決	132
No.064	専決処分	134
No.065	地方公共団体の長	136
No.066	長の権限	138
No.067	長の担任事務	140
No.068	長の権限の代理・委任・補助執行	142
No.069	長の補助機関	144
No.070	副知事・副区市町村長	146
No.071	会計管理者	148
No.072	専門委員	150
No.073	行政委員会	152
No.074	行政委員会の委員	154
No.075	行政委員会と長との関係	156
No.076	教育委員会	158
No.077	教育長	160
No.078	教育委員会と他の機関との関係	162
No.079	選挙管理委員会	164
No.080	監査委員	166
No.081	外部監査制度	168

No.082	包括外部監査	170
No.083	附属機関	172
No.084	地域自治区	174
No.085	国又は都道府県の関与	176
No.086	関与の基本類型	178
No.087	国地方係争処理委員会	180
No.088	国の関与に関する訴訟の提起	182
No.089	自治紛争処理委員	184
No.090	地方公共団体相互の協力関係	186
No.091	特別区の制度	188
No.092	特別区の処理する事務	190
No.093	都と特別区及び特別区相互の間	192
No.094	都区財政調整制度	194
No.095	都区協議会	196
No.096	東京都以外の特別区	198
No.097	地方公共団体の組合	200
No.098	一部事務組合	202
No.099	広域連合	204
No.100	財産区	206

解答一覧 ……………………………………………………………………… 209

凡　　例

法令名省略

憲 ……………………………………………………… 日本国憲法（昭21）
法 ……………………………………………………… 地方自治法（昭22法67）
社福法 ………………………………………………… 社会福祉法（昭26法45）
合併特例法 ……………… 市町村の合併の特例に関する法律（平16法59）
公選法 ………………………………………………… 公職選挙法（昭25法100）
地教行法 …………… 地方教育行政の組織及び運営に関する法律（昭31法162）
請願 …………………………………………………… 請願法（昭22法13）
特別区法 ……… 大都市地域における特別区の設置に関する法律（平24法80）

1 憲法による地方自治の保障

【No.001】 憲法による地方自治の保障の記述として、妥当なのはどれか。

1 憲法では、地方自治の重要性にかんがみ、第8章として4つの条文を設け、基本原則を規定しているが、旧憲法でも地方自治に関する規定があった。
2 憲法では、地方自治は一定の地域を基礎とする国から独立しない団体が、その機関により、その事務を団体の住民の意思に基づいて処理するとしている。
3 憲法では、地方公共団体の組織及び運営に関する事項は、地方自治の本旨に基づいて、政令で定めるとしている。
4 憲法における地方自治の基本原則は、憲法改正による以外は、これを制限し、変更することはできない。
5 憲法では、地方自治に関する国の立法に対する制約を課すとともに、地方行政機関の設置や事務の内容などを具体的に定めている。

【No.001 解説】
1　誤り。憲法では、地方自治の重要性にかんがみ、第8章として4つの条文を設け、基本原則を規定している。旧憲法（明治憲法）には地方自治に関する「規定がなかった」。
2　誤り。憲法では、地方自治は一定の地域を基礎とする「国から独立の団体」が、その機関により、その事務を当該団体の住民の意思に基づいて処理するとしている。
3　誤り。憲法では、地方公共団体の組織及び運営に関する事項は、地方自治の本旨に基づいて、「法律」で定めるとしている。
4　正解。
5　誤り。憲法では、国の立法に対する制約を課し地方自治を保障しているが、地方行政機関の設置や事務の内容などは、憲法を受けた「自治法」で定められるとしている。

ポイント整理
○憲法は、「**8章**」として「**4つの条文**」（第92条〜第95条）を設け地方自治に関する「基本原則」を規定している。
○旧憲法（明治憲法）には、**地方自治の規定がなく**、地方自治は「**法律**」で規定されていた。
○地方自治に関する基本原則は、憲法改正による以外は、制限し変更できない。
○憲法第92条は、「地方公共団体の組織及び運営に関する事項は、「地方自治の本旨」に基づいて「**法律**」で定める」と規定している。
○憲法は、国の立法に対する制約を課すことにより地方自治を保障している。

〔参照条文：憲92〕

2 憲法の地方自治に関する条文

【No.002】 憲法の地方自治に関する条文の記述として、妥当なのはどれか。

1 憲法第92条は、地方公共団体の組織及び運営に関する事項は、地方自治の本旨に基づいて法律で定める、いわゆる法律の留保の原則を明らかにしている。
2 憲法第93条は、議事機関として議会を設置し、地方公共団体の組織は大統領制に基づく制度を採用し、住民自治の原則を明らかにしている。
3 憲法第94条は、地方公共団体の行政権として行政の執行を保障しているが、公権力の行使は、旧憲法でも地方公共団体に認めていた権限である。
4 憲法第94条は、地方公共団体の立法権として条例制定権を示しているが、この条例は法律に特別の授権がある場合に制定できる。
5 憲法第95条は、地方公共団体のみに適用される特別法は、その地方公共団体の住民の三分の一の同意があれば制定できる。

ポイント整理
①憲法第92条……………「**地方自治の基本原則**」
○地方公共団体の組織及び運営に関する事項は、「**地方自治の本旨**」に基づいて法律（自治法）で定める。「地方自治の本旨」とは、団体自治と住民自治をさす。
・団体自治は、団体の名と責任で行う。
・住民自治は、住民の参画によって行う。
②憲法第93条①……………「**地方公共団体の機関の設置**」
○地方公共団体に、その議事機関として「議会を設置」する。「例外・総会あり」
○地方公共団体の組織は、**首長制（大統領制）**に基づいている。
③憲法第93条②……………「**直接選挙**」
○地方公共団体の長と議員は、地方公共団体の住民が直接選挙する。
④憲法第94条……………「**地方公共団体の権能**」
○地方公共団体は、その財産を管理し、事務を処理し及び行政を執行する

【No.002 解説】
1　正解。
2　誤り。憲法第93条は、「団体自治」の原則を明らかにしている。
3　誤り。地方公共団体の公権力の行使は、「現憲法において認められた権限」である。
4　誤り。憲法第94条は、地方公共団体の立法権として条例制定権を示していることから、この条例は法律に特別の「授権がなくても」制定できる。
5　誤り。憲法第95条は、「一の」地方公共団体のみに適用される特別法は、その地方公共団体の住民の「過半数」の同意がなければ制定できないと規定している。

　　権能（**行政権**）を有し、法律の範囲内で「条例」を制定する権能（**立法権**）を有する。司法権は認めていない。
(行政権)
①**財産**の管理……あらゆる財産に関する取得、維持、利用、処分の一切の権能を有する。
②**事務**の処理……公権力の行使を「伴わない」地方公共団体の事務（自治事務、法定受託事務）を処理する。
③**行政**の執行……公権力の行使を「伴う」事務である警察権、統制権、公用負担権のほか条例による規制の対象となる各種の行政作用を執行する。
(立法権)
○**条例**の制定……法律の授権なしに条例を制定できる自治立法権を持つ。
⑤憲法第**95**条……………**「特別法の住民投票」**
○一の地方公共団体のみに適用される特別法は、法律の定めるところにより、その地方公共団体の住民の投票においてその過半数の同意を得なければ国会はこれを制定できない。
○地方自治特別法としては、首都建設法や平和都市建設法などがある。

〔参照条文：憲92・93・94・95〕

3　団体自治と住民自治

【No.003】　地方自治の本旨は、団体自治と住民自治の原理から成り立っているが、両者の組合せで、妥当なのはどれか。

(A) 地域の政治や行政は、住民自らの意思と責任に任せる。
(B) 国から独立した地方公共団体の存続を認める。
(C) 国家の指揮監督権の関与をできるだけ排除する。
(D) 地方公共団体の自主的な意思決定により地方事務の権限と責任を持つ。
(E) 住民が自ら代表を選び、あるいは自ら直接、意思を反映させる。

1　住民自治 [AB]　　団体自治 [CDE]
2　住民自治 [BC]　　団体自治 [ADE]
3　住民自治 [DE]　　団体自治 [ABC]
4　住民自治 [CD]　　団体自治 [ABE]
5　住民自治 [AE]　　団体自治 [BCD]

【No.003 解説】
5　正解。
　Aは「住民自治」である。
　Bは「団体自治」である。
　Cは「団体自治」である。
　Dは「団体自治」である。
　Eは「住民自治」である。

ポイント整理
（団体自治）
○団体自治とは、地方公共団体の事務の処理が住民によって構成され、国家から独立したものとして認められる地域的団体を通して行われ、その団体自身の機関により、団体の名と責任において行われる。
○団体自治は、国とは別個の団体、すなわち地方公共団体が組織と自治権をもつ。
○団体自治は、法的に独立し、国の指揮監督等の関与をできるだけ排除する。
○団体自治とは、国等による地域団体への関与を必要最小限度にとどめて、地方公共団体の事務は地域団体の創意と責任において処理させる考え方をいう。

（住民自治）
○住民自治とは、原則として、国家から独立した地域的団体の行政運営に、住民が自発的かつ積極的に参画する直接住民の責任による自治運営である。
○住民自治は、地方の政治や行政は、地域住民がこれに参加し、住民自らの責任においてその運営を行う考え方をいう。
○住民自治の趣旨は、住民が自ら代表者を選び、あるいは直接請求などで自らの意思を反映させることにある。

〔参照条文：憲92〕

4　自治立法権

【No.004】　自治立法権の記述として、妥当なのはどれか。

1　自治立法権は、憲法に認められた権利であるが、この憲法に認められた自治立法権は条例であって規則は含まれていない。
2　自治立法権に基づく条例は、個々の法律の授権に基づき、法令に違反しない限り、自治権の範囲内にある限り制定することができる。
3　自治立法権に基づく条例は、法令に違反しない限り、上乗せ条例や横出し条例も制定することができる。
4　自治立法権に基づく条例の提案権は、原則として長又は議員に与えられており、長の権限に属する事項には長のみに提案権がある。
5　自治立法権の一つに規則があり、規則は行政委員会や議会も制定できるが、法律又は条例に違反できない。だが行政委員会等の規則が長の定める規則に違反できないとする制約はない。

ポイント整理
○自治立法権とは、地方公共団体が自主法（条例）を制定する権能をいう。自主法の中には規則も含まれる。
○条例は、法令に違反せず、自治権の範囲内にある限り、個々の法律の授権を要せずに、議会の議決を経て制定される。
○条例には、団体の存立と維持に関する事項、行政サービスの事項及び住民に義務を課し、権利を制限する事項に大別できる。
○行政上の義務を課し、権利を制限するときは、法令との間に矛盾・抵触しない範囲で、条例を制定してその内容を定めることとされている。
○条例には、次のものがある。
「**上乗せ条例**」とは、法令による規制を上回る条例をいう。
「**横出し条例**」とは、法令の対象外の事項を規制の対象とする条例をいう。
○上乗せ条例も、横出し条例も、法令と比較して、制定された趣旨、目的、内容、効果が矛盾・抵触するものでなければ認められるとする「最高裁判例」がある。
○条例は、長の権限に属する事項については制定できない。
○条例の提案権は、長又は議員に専属するもの以外は、長と議員の双方に

【No.004 解説】
1　誤り。この憲法に認められた自治立法権は条例の制定のみならず「規則の制定も含まれる」。
2　誤り。自治立法権に基づく条例は、「個々の法律の授権に基づくことなく」、法令に違反しない限り、自治権の範囲内にある限り制定することができる。
3　正解。
4　誤り。条例の提案権は、原則として長又は議員に与えられているが、長の権限に属する事項については条例を制定することができない。
5　誤り。自治立法権の一つに規則があり、規則は行政委員会や議会も制定できるが、法律又は条例に違反できないし、また行政委員会等の規則が長の定める規則に違反できない制約が「ある」。

ある。
「規則」
○規則も自治立法権の一つである。
○規則は、長その他の執行機関がその権限に属する事項を定めるものであるが、議決機関である議会・議長も規則を定めることができる。なお議会は議会運営に関して会議規則を定めることができるし、議長は傍聴規則を定めることができる。

〔参照条文：憲94〕

5　自治行政権

【No.005】　自治行政権の記述として、妥当なのはどれか。

1　自治行政権として、地方公共団体の事務が見直され、自治事務と法定受託事務に区分され、法定受託事務は自治事務以外の事務となっている。
2　自治行政権は、憲法で認められた権限であるが、認められる範囲は、地方自治の本旨に基づき、自治法や他の法律により定められる。
3　自治行政権に基づき都道府県と市町村には役割分担があり、都道府県は、広域事務、連絡調整事務及び統一事務の３つを分担することになっている。
4　自治行政権の下において、国の関与は法定主義が明文化され、国の関与が拡大され、国と地方公共団体の新たな関係が生まれている。
5　自治行政権は、地方公共団体が自ら事務を執行する権能をいい、管理的作用は認められているが、権力的作用は認められていない。

ポイント整理
○憲法第94条では、自治行政権を定めている。
○自治行政権の範囲は、地方自治の本旨に基づき、自治法はじめとして、個々の法律において国と地方公共団体の間において定められる。
○自治行政権に基づく事務は、自治事務と法定受託事務に分けられ、さらに法定受託事務は第一号法定受託事務（国の事務）と第二号法定受託事務（都道府県の事務）に分けられる。
○自治行政権では、都道府県と市町村の事務配分が見直され、都道府県は、①広域性、②連絡調整、③事務の規模又は性質の３つの観点から構成されている。
○自治行政権は、地方公共団体が自ら事務を執行する権能をいい、大別して「管理的作用（＝事務の処理）」と「権力的作用（＝行政の執行）」がある。

自治行政権	管理的作用（＝事務の処理）
	権力的作用（＝行政の執行）

【No.005 解説】
1 　誤り。「自治事務は法定受託事務以外の事務」となっている。
2 　正解。
3 　誤り。自治行政権に基づき都道府県と市町村には役割分担があり、都道府県は、広域事務、連絡調整事務及び「事務の規模又は性質」の３つを分担することになっている。統一事務は廃止されている。
4 　誤り。自治行政権の下において、国の関与は法定主義が明文化され、国の関与が「限定」され、国と地方公共団体の新たな関係が生まれている。
5 　誤り。自治行政権は、地方公共団体が自ら事務を執行する権能をいい、管理的作用のみならず「権力的作用も認められている」。

○「**事務の処理**」……**公権力の行使を伴わない**地方公共団体の事務（自治事務、法定受託事務）の処理である。
○「**行政の執行**」……**公権力の行使を伴う**警察権、統制権、公用負担権のほか、条例による**規制の対象**となる各種の行政作用をさす。
　※戦前の地方公共団体には、公権力の行使は地方税の賦課徴収など財産権その他ごく限られており、義務を課し権利を制限し自由を規制する公権力の行使の性質を有する事務は一般的に認められていなかった。
○国の関与は、法定主義が明文化され、その範囲も限定されている。
○都道府県が市町村に事務を配分する場合に、「条例による事務処理の特例」が創設され、事務の配分に当たっては、知事はあらかじめ区市町村長に協議することとされている。
○区市町村長は、知事に対し条例による事務の配分を要請することもできる。

〔参照条文：憲94〕

6　自治組織権

【No.006】　自治組織権の記述として、妥当なのはどれか。

1　自治組織権は、憲法第92条に基づく権利であり、法律で定めるとされており、この法律とは地方自治法のみを指すとされている。
2　自治組織権に基づき、知事及び区市町村長は、内部組織を設置することができるが、都道府県においては、組織の部局数が法定されている。
3　自治組織として、副知事又は副区市町村長、並びに会計管理者を条例で置くことができる。
4　自治組織権に基づき、知事及び区市町村長は、その権限に属する事務を分掌させるための内部組織を、条例により自主的に設けることができる。
5　自治組織として、普通地方公共団体は、共同して事務処理を行うために一部事務組合や複合的一部事務組合を設けることができる。

【No.006 解説】
1 誤り。自治組織権は、憲法第92条に基づく権利であり、法律で定めるとされており、この法律とは自治法のみならず、「地教行法、警察法、消防法など」を指す。
2 誤り。自治組織権に基づき、知事及び区市町村長は、条例により内部組織を自主的に設置することができる。「都道府県における部局数の法定規定は廃止されている」。
3 誤り。自治組織として、副知事又は副区市町村長は、条例で置くことも置かないこともできるが、会計管理者は「自治法」に基づき「置かなければならない」組織である。
4 正解。
5 誤り。自治組織として、都道府県及び区市町村は、共同して事務処理を行うために一部事務組合や広域連合を設けることができるが、「複合的一部事務組合は区市町村に限り」設置できる。

ポイント整理
○自治組織権とは、地方公共団体が自らの組織を編成する権能をいう。
○自治体の組織構成の最も基本的な枠組みとして、憲法は、議会の設置、地方公共団体の組織及び運営は法律で定めるとし、自治法では基本的な組織機構について定め、内部組織については自治体の自主的・自律的な判断にゆだね、条例、規則で定めるとしている。
○地方自治を担う組織については、自治法のほか、地教行法、警察法、消防法等がある。自治法は一般法である。
○知事及び区市町村長は、その権限に属する事務を分掌させるための内部組織を、条例により自主的に設けることができる。
○地方公共団体の組織として、副知事又は副市町村長は条例で置くとされており、例外として条例で置かないこともできる。会計管理者は、自治法に基づき一人置かなければならない。
○自治組織として、地方公共団体の組合を置くことができる。地方公共団体の組合には、一部事務組合と広域連合があり、一部事務組合には複合的一部事務組合と特例一部事務組合がある。

〔参照条文：憲92〕

7　自治財政権

【No.007】　自治財政権の記述として、妥当なのはどれか。

1　自治財政権は、地方公共団体がもつ自治権の一つであり、自らの財源を調達する権能であるが、これを管理する権能は持っていない。
2　自治財政権に基づき、地方公共団体は地財法に基づき地方債を発行できるが、この地方債の発行に当たっては、総務大臣又は知事の許可が必要である。
3　自治財政権は、地方公共団体がもつ自治権の一つであり、国は地方自治の本旨に反しなくても、地方公共団体の財政に制限を加えることはできない。
4　自治財政の健全化が求められ、財政指標の公表が義務づけられているが、この財政指標の対象に公営企業や公社・第三セクターは含まれない。
5　自治財政権に基づき、地方税などについては、義務不履行の場合には強制徴収の方法により確保することが認められている。

【No.007 解説】
1　誤り。自治財政権は、地方公共団体がもつ自治権の一つであり、自らの財源を調達し、かつこれを「管理する権能を持っている」。
2　誤り。自治財政権に基づき、地方公共団体は地財法に基づき地方債を発行できるが、この地方債の発行に当たっては、総務大臣又は知事との「協議」が必要である。
3　誤り。自治財政権は、地方公共団体がもつ自治権の一つであり、国は地方自治の本旨に反しない限度で、かつ「法律」によって「財政に制限を加えることもできる」。
4　誤り。自治財政の健全化が求められ、財政指標の公表が義務づけられているが、この財政指標の対象に公営企業や公社・第三セクターも「含まれる」。
5　正解。

ポイント整理
○自治財産権とは、憲法に規定された財産を管理する権能のほか、事務の遂行に必要な経費を賄うため、自らその資金を調達し運用する権能である。
○**財産の管理とは、**あらゆる財産に関する取得、維持、利用、処分の**一切**をさす。
○**自治財政権は、**「地財法」や「地税法」に基づき具体化されている。
○地財法は、地方財政運営の基本原則を定めるとともに、国費と地方費の負担区分に関する原則を確立して、地方財政の自主性の建前を明らかにしている。
○地税法は、地方税の賦課徴収による地方財源の確保を図っている。
○地方財源の確保を図るため、地方交付税や国庫支出金などによる財源保障が行われている。
○地方公共団体の起債は「許可制」から「協議制」に変わっている。だが公債費の割合が一定水準以上の地方公共団体は、許可制扱いとなる。
○財産権とは、行政財産（公用財産、公共用財産）及び普通財産に関する一切の管理処分にかかわる権限である。

〔参照条文：憲94〕

8 地方公共団体の3要素

【No.008】 地方公共団体の3要素として、妥当な組合せはどれか。

A 場所的要件としての……「区域」
B 法的要件としての………「自治権」
C 民意的要件としての……「福祉」
D 人的要件としての………「住民」
E 執行的要件としての……「財源」

1 ABC　　2 ABD　　3 ADE　　4 BCD　　5 CDE

【No.008 解説】
2　正解。
　　地方公共団体の3要素としては、Aの場所的要件としての区域、Bの法的要件としての自治権、Dの人的要件としての住民の3つである。

ポイント整理
○地方公共団体は、一定の地域を画した「**区域**」を有し、その一定の地域内に住所を有するすべての者を団体の構成員「**住民**」とし、その区域内において「**自治権**」を行使する団体である。

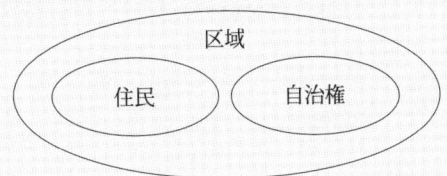

9　地方公共団体の役割

【No.009】　地方公共団体の役割の記述として、妥当なのはどれか。

1　国と地方公共団体は、行政機関として同じ法人格を持ち、それぞれの役割を果たす機関である。
2　地方公共団体の役割を担うため、地方公共団体の組織及び運営に関しては、憲法第92条に基づき条例で定められる。
3　地方公共団体は、国から独立した法人格を持ち、地域における行政の主体として行政運営を行う役割を有する。
4　国と地方公共団体との関係では、地方公共団体に対する国の役割は、拡大される傾向にある。
5　地方公共団体の役割は、住民の福祉の増進を図ることであり、地域における行政を民主的かつ計画的に実施する役割を担うとされている。

【No.009 解説】
1　誤り。国と地方公共団体は、行政機関として「別個」の法人格を持ち、それぞれの役割を果たす機関である。
2　誤り。地方公共団体の役割を担うため、地方公共団体の組織及び運営に関しては、憲法第92条に基づき「法律」で定められる。
3　正解。
4　誤り。国と地方公共団体との関係では、地方公共団体に対する国の役割は、「限定」されている。
5　誤り。地方公共団体の役割は、住民の福祉の増進を図ることであり、地域における行政を「自主的」かつ「総合的」に実施する役割を担うとされている。

ポイント整理

●役割

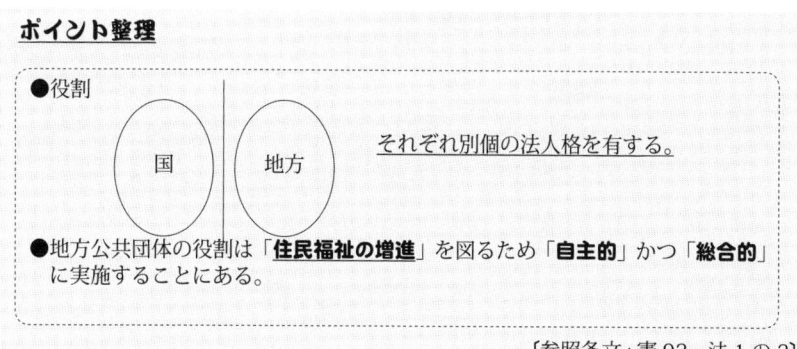

●地方公共団体の役割は「**住民福祉の増進**」を図るため「**自主的**」かつ「**総合的**」に実施することにある。

〔参照条文：憲92、法1の2〕

10　普通地方公共団体

【No.010】　普通地方公共団体の記述として、妥当なのはどれか。

1　地方公共団体は、自治法上、普通地方公共団体と特別地方公共団体に区分され、さらに普通地方公共団体は2層6種類に、特別地方公共団体は4種類に区分される。
2　合併特例法などによって制度化された合併特例区は、時限立法による制度であるから、普通地方公共団体に位置づけられている。
3　普通地方公共団体は、地方公共団体のうち、その組織、権能などにおいて一般的かつ特殊的な公共団体である。
4　地方公共団体は、国とは別個の法人格を有し、都道府県と市町村の間には、上下関係又は監督被監督の関係はない。
5　普通地方公共団体のうち、都道府県は基礎的な地方公共団体であり、市町村は広域的な地方公共団体である。

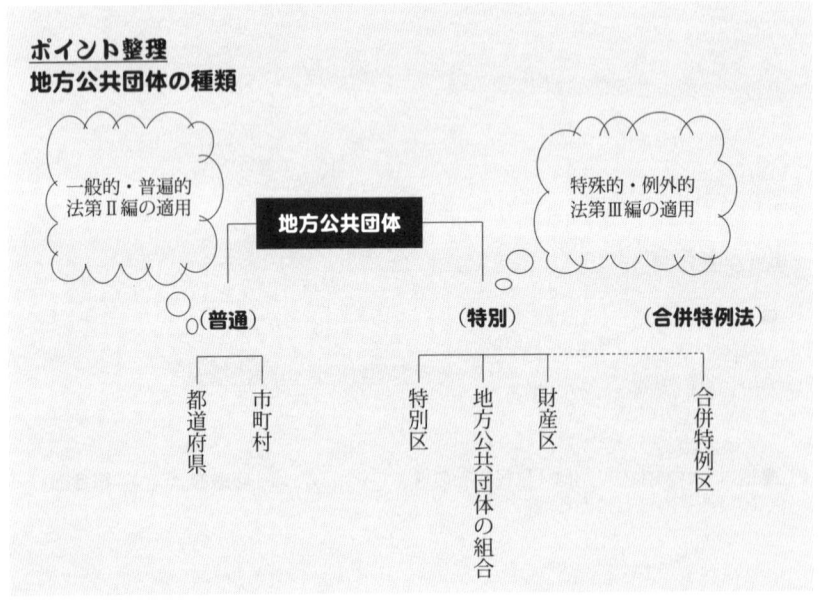

【No.010 解説】
1 誤り。地方公共団体は、自治法上、普通地方公共団体と特別地方公共団体に区分され、さらに普通地方公共団体は「2層7種類」に、特別地方公共団体は「3種類」に区分される。なお市町村の合併の特例等に関する法律の改正により、当該法の期限が10年間延長されたことにより合併特例区も特別地方公共団体とされる。
2 誤り。合併特例法などによって制度化された合併特例区は、時限立法による制度であるから、「特別」地方公共団体に位置づけられている。
3 誤り。普通地方公共団体は、地方公共団体のうち、その組織、権能等において一般的かつ「普遍的」な公共団体である。
4 正解。
5 誤り。普通地方公共団体のうち、都道府県は「広域的な」地方公共団体であり、市町村は「基礎的な」地方公共団体である。

[都道府県]
○都道府県は、市町村を包括する広域的な地方公共団体であるが、都及び道に関しては制度上の差異がある。
○府県の間には、名称上の差異があるにすぎない。
○普通地方公共団体には、都道府県と市町村があるが、都道府県と市町村の間には、上下関係又は監督被監督の関係はない。
[市町村]
○市町村は、基礎的な地方公共団体であり、市町村の間には性格上の差異はない。

〔参照条文:法1の3・2〕

11　市町村の成立要件

【No.011】　市町村の成立要件の記述として、妥当なのはどれか。

1　市の成立要件に、都道府県の条例で定める都市的施設その他の都市としての要件を備えていることがある。
2　市の成立要件に、人口が3万以上であることがある。
3　市の成立要件に、中心市街地の戸数が全戸数の5割以上であることがある。
4　市の成立要件に、商工業その他の都市的業態の世帯数が全体の6割以上であることがある。
5　町村の成立要件に、都道府県条例で定める町村の要件を備えていることがある。

【No.011 解説】
1　正解。
2　誤り。市の成立要件に、人口が「5万以上」であることがある。
3　誤り。市の成立要件に、中心市街地の戸数が全戸数の「6割以上」であることがある。
4　誤り。市の成立要件に、商工業その他の都市的業態の「従事者」の属する世帯の人口が全人口の6割以上であることがある。
5　誤り。町の成立要件に、都道府県条例で定める要件を備えていることがあるが、「村に関する成立要件はない」。

ポイント整理
【1】市としての要件
　①人口……5万以上。
　②中心**市街地の戸数**が全戸数の6割以上。
　③都市的業態の**従事者**及び同一世帯の者が6割以上。
　④都道府県条例で定める要件を備えていること。
【2】 町としての要件……都道府県条例で町の要件を備えていること。
【3】 村としての要件……要件なし。

〔参照条文：法8〕

12 市と町村の制度上の差異

【No.012】 市と町村の制度上の差異の記述として、妥当なのはどれか。

1 廃置分合については、市の場合は総務大臣への事前協議が必要であるが、町村の場合には、その事前協議を必要としない。
2 総会は、市に設置できないが、町村の場合には、条例に基づき全住民を対象とした総会の設置が認められる。
3 出納員は、市に置かなければならないが、逆に町村の場合は、出納員を置くことができない。
4 一部事務組合の設置は、市に限られるが、複合的一部事務組合は、町村に限られる。
5 福祉事務所は、市には必置であるが、町村の場合は、設置が認められていない。

【No.012 解説】
1 正解。
2 誤り。総会は、市には設置できないが、町村の場合には、条例に基づき「有権者」による総会の設置が認められる。
3 誤り。出納員は、市に置かなければならないが、町村の場合は「任意」である。
4 誤り。一部事務組合は、「区市町村」に設置できるし、また複合的一部事務組合も「区市町村に限り」設置できる。
5 誤り。福祉事務所は、市には必置であるが、町村は「条例により設置が可能」である。

ポイント整理
市と町村の差異

		市	町　村
A	廃置分合の協議	必要	不要
B	総会の設置	設置できない	設置できる
C	出納員の設置	**義務**設置	**任意**設置
D	福祉事務所	**必置**	設置**可能**

〔参照条文：法7・94・171、社福法13〕

13 大都市等に関する特例

【No.013】 大都市等に関する特例の記述として、妥当なのはどれか。

1 指定都市には、都道府県が処理する事務で政令で定める事務を処理できる特例が設けられているが、その事務の処理に関し都道府県の関与は排除できない。
2 指定都市及び中核市は、長がその権限に属する事務を分掌させるために、各行政区に事務所を置かなければならない。
3 指定都市、中核市及び特例市は、知事等の許認可等の処分を有せず、各大臣の許認可等の処分を必要とし、各大臣の処分を受ける。
4 中核市は、人口30万以上で、かつ一定の面積を有する市において、申請をする市は、事前に市議会の同意を経て都道府県の同意を得る必要がある。
5 特例市は、中核市が処理できる事務のうち、特例市において処理することが適当でない事務以外の事務で、政令で定めるものを処理できる。

【No.013 解説】
1　誤り。指定都市には、都道府県が処理する事務で政令で定める事務を処理できる特例が設けられており、その事務の処理に関し「都道府県の関与を排除できる」。都道府県の関与に代えて各大臣の関与を受ける。
2　誤り。指定都市は、長がその権限に属する事務を分掌させるために、各行政区に事務所を置かなければならない。「行政区を置くのは指定都市に限られている」。
3　誤り。「指定都市」は、知事等の許認可等の処分を有せず、各大臣の許認可等の処分を必要とし、各大臣の処分を受ける。「この規定は中核市と特例市には及ばない」。
4　誤り。中核市は、人口30万以上の市であって、「面積要件はない」。申請をする市は、事前に市議会の同意を経て都道府県の同意を得る必要がある。
5　正解。

ポイント整理

	指定都市	中核市	特例市
成立要件	人口**50万**以上 手続規定はない	人口**30万**以上 （存続要件ではない） 事前に当該市議会の議決を経て都道府県の同意を得る	人口**20万**以上 （存続要件ではない）
事務の特例	自治法252条の19に規定する**都道府県事務**の「17」の事務	指定都市が処理できる事務の一部	中核市が処理できる事務の一部
組織の特例	○行政区の設置義務 ○行政区に事務所の設置 ○区長・会計管理者の設置 ○選挙管理委員会の設置	行政区の設置に関する特例規定なし	行政区の設置に関する特例規定なし
関与の特例	○知事の**命令**の規定は知事に代えて「各大臣の命令」を受ける ○知事等の**許認可等**の規定は、各大臣の処分に代える		

〔参照条文：法252の19・252の22・252の26の3〕

14 憲法による地方自治の保障

【No.014】 特別地方公共団体の記述として、妥当なのはどれか。

1 特別地方公共団体は、その組織、権能などにおいて一般的かつ普遍的な地方公共団体をいう。
2 特別地方公共団体は、自治政策上の見地から設けられた団体であり、特定の存立目的のために設けられた団体である。
3 特別地方公共団体は、特別区、地方公共団体の組合、財産区及び広域連合の4種類とされている。
4 特別地方公共団体は、自治政策上の見地から、完全自治体としての性格を有する団体である。
5 特別地方公共団体は、普通地方公共団体と同様に、憲法上の地方公共団体として認められている団体である。

【No.014 解説】
1 誤り。特別地方公共団体は、その組織、権能などにおいて「特殊的」かつ「例外的」な地方公共団体をいう。
2 正解。
3 誤り。特別地方公共団体は、特別区、地方公共団体の組合及び財産区の「3種類」とされている。
4 誤り。特別地方公共団体は、自治政策上の見地から、完全自治体としての性格に「欠ける」団体である。
5 誤り。特別地方公共団体は、普通地方公共団体と「異なり」、憲法上の地方公共団体として「認められていない」団体である。

ポイント整理
○特別地方公共団体は、地方公共団体のうち、特定の目的のため、あるいは特殊の事情により特定の規定を必要とするために設けられた団体である。
○特別地方公共団体は、**法人格は有する**。
○特別地方公共団体は、地方自治法上の見地から、特定の存立目的のために設けられた制度であり、完全自治体としての性格に欠ける。
○特別地方公共団体は、普通地方公共団体と異なり、憲法上の地方公共団体として認められていない。
○特別地方公共団体は、**自治法上は**、特別区、地方公共団体の組合及び財産区の「3種類」である。「合併特例法」による制度として特別地方公共団体である合併特例区がある。これを含めると4種類となる。

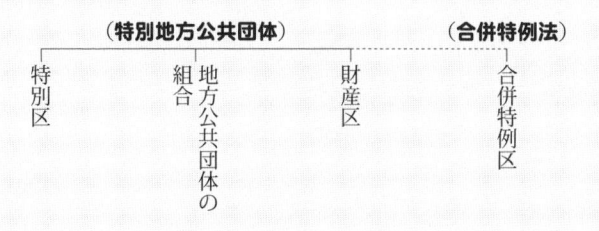

（特別地方公共団体）　　　　　　（合併特例法）
特別区　　地方公共団体の組合　　財産区　　合併特例区

〔参照条文：法281の2・284・294〕

15 合併特例区

【No.015】 合併特例区の記述として、妥当なのはどれか。

1 合併特例区は、地方自治法に基づく制度として、合併市町村の区域の全部又は一部の区域に設置できる制度である。
2 合併特例区は、法律に基づいて、合併市町村の区域に設けられる普通地方公共団体である。
3 合併特例区は、法律に基づき設置され、設置期間は限定されており、その期間は10年以内で規約で定める期間とされている。
4 合併特例区は、合併の前の地域を単位として設置され、設置に際しては、合併関係市町村が協議により条例を定める必要がある。
5 合併特例区は、合併の前の地域を単位として事務を処理することにより、効果的な事務処理、住民生活の利便性の向上が図られる制度である。

【No.015 解説】
1　誤り。合併特例区は、「市町村の合併の特例に関する法律」に基づく制度であり、合併市町村の区域の全部又は一部の区域に設置できる制度である。
2　誤り。合併特例区は、法律に基づいて、合併市町村の区域に設けられる「特別地方公共団体」である。
3　誤り。合併特例区は、法律に基づき設置され、設置期間は限定されており、その期間は「5年以内で規約で定める期間」とされている。
4　誤り。合併特例区は、合併の前の地域を単位として設置され、設置に際しては、合併関係市町村が協議により「規約」を定める必要がある。
5　正解。

ポイント整理
- **合併特例区は**、一定期間（**5年以内で規約で定める**）、合併市町村の区域の全部又は一部の区域に、1又は2以上の合併関係市町村の区域であった区域を、その区域として設けることができる「**特別地方公共団体**」である。
- 平成22年4月の「市町村の合併の特例等に関する法律」の改正により、合併特例期間が**10年間延長**された。
- 設置は、合併関係市町村が協議により「**規約**」を定め、都道府県知事の（すべての合併関係市町村が一の都道府県の区域に属さない場合は、総務大臣）の「**認可**」を受けて行う。
- 合併特例区の長は、市町村長の被選挙権を有する者のうちから、合併市町村の長が選任し、その職は、特別職とされる。
- 合併特例区の長は、合併市町村の副市町村長を兼ねることができる。

〔参照条文：合併特例法26～〕

16　地方公共団体の名称

【No.016】　地方公共団体の名称の記述として、妥当なのはどれか。

1　地方公共団体の名称は、地方自治法施行時に、新たに定められた名称を使用することとされている。
2　普通地方公共団体の名称変更は、それぞれの普通地方公共団体の条例によって変更される。
3　市町村、特別区及び財産区の名称を変更するときは、あらかじめ知事に協議し、条例で定める必要がある。
4　地方公共団体の名称を変更するときは、憲法第95条に規定されている特別法に該当し、改正には住民投票が必要である。
5　特別地方公共団体である地方公共団体の組合の名称は、その団体の規則により定められる。

【No.016 解説】
1　誤り。地方公共団体の名称は、地方自治法「施行時の名称が踏襲されている」。
2　誤り。普通地方公共団体のうち、市町村の名称変更は条例によるが、「都道府県」の名称変更は、「法律」による。
3　正解。
4　誤り。「都道府県」の名称を変更するときは、憲法第95条に規定されている特別法に該当し、改正には住民投票が必要である。
5　誤り。特別地方公共団体である地方公共団体の組合の名称は、その団体の「規約」により定められる。

ポイント整理
○地方公共団体の名称は、地方自治法施行時の名称が踏襲されている。

```
┌──────┐ ┌────┐ ┌────┐ ┌──────────────┐ ┌────┐
│都道府県│ │市町村│ │特別区│ │地方公共団体の組合│ │財産区│
└──┬───┘ └─┬──┘ └─┬──┘ └──────┬───────┘ └─┬──┘
   │        │        │           │(規約)        │
 (法律)              (条例)
```

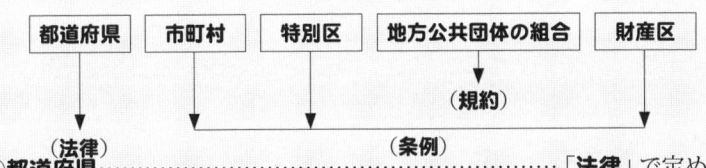

○**都道府県**……………………………………………「**法律**」で定める。
　この法律は、憲法第95条の地方自治特別法として住民投票に付される。
○**市町村、特別区、財産区**……………………………「**条例**」で定める。
　この場合、知事にあらかじめ協議しなければならない。
○**地方公共団体の組合**………………………………「**規約**」で定める。
　この場合、組合の「規約」の中で定められる。

〔参照条文：法3〕

17 地方公共団体の事務所

【No.017】 地方公共団体の事務所の記述として、妥当なのはどれか。

1 都道府県の事務所の位置を定め又は変更しようとするときは、法律の改正に基づかなければならない。
2 地方公共団体の事務所は、住民サービスのための施設であるから、住民の利便性が考慮されなければならないが、交通事情や他の官公署との関係を考慮する必要はない。
3 都道府県にあっては支所及び地方事務所、区市町村にあっては支庁及び出張所を必要な地に条例で定めることができる。
4 住民の利便性のために、保健所、警察署その他の行政機関を設置する場合は、条例に基づく必要があるが、法律に基づく必要はない。
5 都道府県及び区市町村の庁舎の位置を定め又は変更するときは、当該議会において出席議員の3分の2以上の同意を得て条例で定められる。

【No.017 解説】
1 誤り。都道府県の事務所の位置を定め又は変更しようとするときは、「条例」の改正に基づかなければならない。
2 誤り。地方公共団体の事務所は、住民サービスのための施設であるから、住民の利便性を考慮し、交通事情や他の官公署との関係を考慮する「必要がある」。
3 誤り。都道府県にあっては支所ではなく「支庁」及び地方事務所、区市町村にあっては支庁ではなく「支所」及び出張所を必要な地に条例で定めることができる。
4 誤り。住民の利便性のために、保健所、警察署その他の行政機関を設置する場合は、条例のみならず「法律に基づく必要がある」。
5 正解。

ポイント整理
地方公共団体の「事務所」

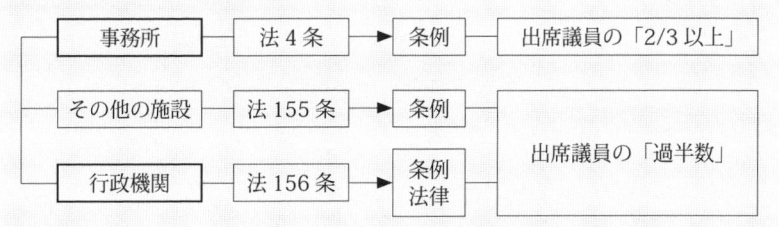

区分	根拠	方法	議決要件
事務所	法4条	条例	出席議員の「2/3以上」
その他の施設	法155条	条例	出席議員の「過半数」
行政機関	法156条	条例・法律	出席議員の「過半数」

〔参照条文：法4・155・156〕

18　地方公共団体の区域

【No.018】　地方公共団体の区域の記述として、妥当なのはどれか。

1　普通地方公共団体の区域は、地方公共団体の基本的な構成要素ではないが、普通地方公共団体の成立基盤となっている。
2　普通地方公共団体の区域には、陸地だけでなく、河川などの水面も含まれるが、上空は含まれない。
3　普通地方公共団体の区域を変更する場合としては、廃置分合と境界変更の2つの方法によることとされている。
4　都道府県の区域は、都道府県が区市町村を包括するので、区市町村の区域は、いずれかの都道府県の区域となる。
5　廃置分合は、法人格の変動、つまり普通地方公共団体の新設や廃止を伴わない区域の変更のことであり、その例として編入などがある。

【No.018 解説】
1 誤り。普通地方公共団体の区域は、地方公共団体の基本的な「構成要素の一つであり」、普通地方公共団体の成立基盤となっている。
2 誤り。普通地方公共団体の区域には、陸地、河川などの水面だけでなく、「上空も含まれる」。
3 誤り。普通地方公共団体の区域を変更する場合としては、廃置分合、境界変更及び「所属未定地域の編入」の「3」つの方法によることとされている。
4 正解。
5 誤り。廃置分合は、法人格の変動、つまり普通地方公共団体の新設や廃止を「伴う」区域の変更のことであり、その例として編入などがある。

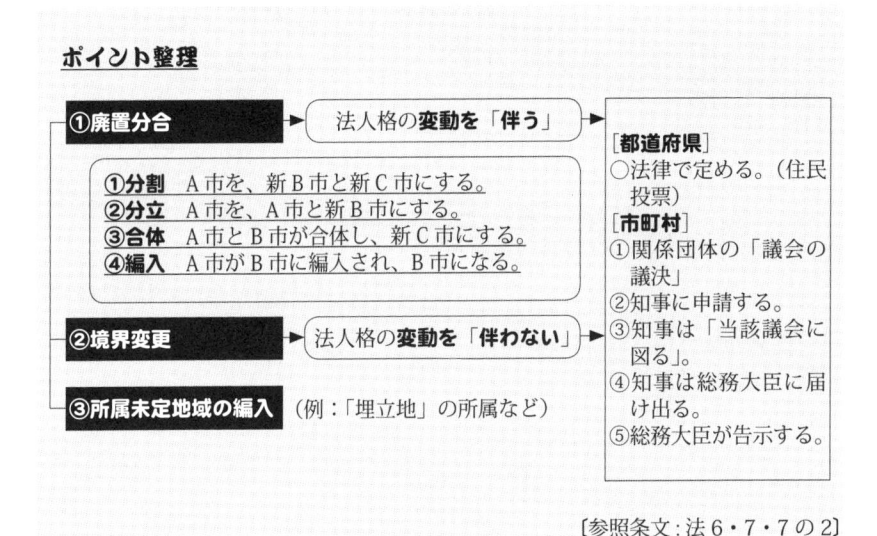

ポイント整理

- ①廃置分合 → 法人格の変動を「伴う」
  - ①分割　A市を、新B市と新C市にする。
  - ②分立　A市を、A市と新B市にする。
  - ③合体　A市とB市が合体し、新C市にする。
  - ④編入　A市がB市に編入され、B市になる。
- ②境界変更 → 法人格の変動を「伴わない」
- ③所属未定地域の編入　(例:「埋立地」の所属など)

[都道府県]
○法律で定める。(住民投票)
[市町村]
①関係団体の「議会の議決」
②知事に申請する。
③知事は「当該議会に図る」。
④知事は総務大臣に届け出る。
⑤総務大臣が告示する。

〔参照条文:法6・7・7の2〕

19　廃置分合の種類

【No.019】　廃置分合の種類の組合せとして、妥当なのはどれか。

A　一の地方公共団体を廃止して、その区域を分けて数個の地方公共団体を置くこと。
B　ある地方公共団体を廃止して、その区域を既存の他の地方公共団体の区域に加えること。
C　2以上の地方公共団体を廃止して、その区域をもって一の地方公共団体を置くこと。
D　一の地方公共団体の区域の一部を分けて、その区域をもって新たな地方公共団体を置くこと。

1　A＝分割　　B＝合体　　C＝編入　　D＝分立
2　A＝合体　　B＝編入　　C＝分立　　D＝分割
3　A＝分割　　B＝編入　　C＝合体　　D＝分立
4　A＝分立　　B＝編入　　C＝合体　　D＝分割
5　A＝分立　　B＝分割　　C＝合体　　D＝編入

【No.019 解説】
3　正解。
　A＝分割
　B＝編入
　C＝合体
　D＝分立

ポイント整理
○廃置分合とは、法人格の変動を伴う区域の変更で、地方公共団体の新設又は廃止を伴う区域の変更をいい、「分割」「分立」「合体」「編入」の4つの種類がある。

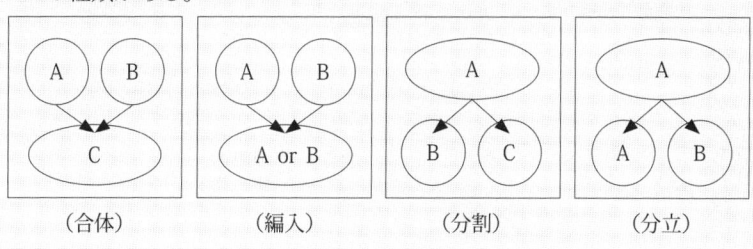

（合体）	（編入）	（分割）	（分立）
A, B → C	A, B → A or B	A → B, C	A → A, B

〔参照条文：法7〕

20 廃置分合及び境界変更の手続

【No.020】 廃置分合及び境界変更の手続の記述として、妥当なのはどれか。

1 都道府県の廃置分合の手続は、法律に基づいて行わなければならないが、境界変更は都道府県条例で行うことができる。
2 知事は、市町村の規模の適正化を図るのを援助するため、市町村の廃置分合又は境界変更の計画を定め、この計画を関係市町村へ勧告することができる。
3 市町村の境界変更は、関係市町村の申請に基づき知事が決定し、総務大臣に届け出ることとされ、総務大臣の告示によって効力が生ずる。
4 市町村の廃置分合は、関係市町村が知事に申請しなければならないが、この場合、知事はあらかじめ総務大臣と協議し同意を得なければならない。
5 2つ以上の都道府県の廃止及びその区域の全部により一の都道府県を設置するときは、関係都道府県の申請に基づき、総務大臣が法律で定める。

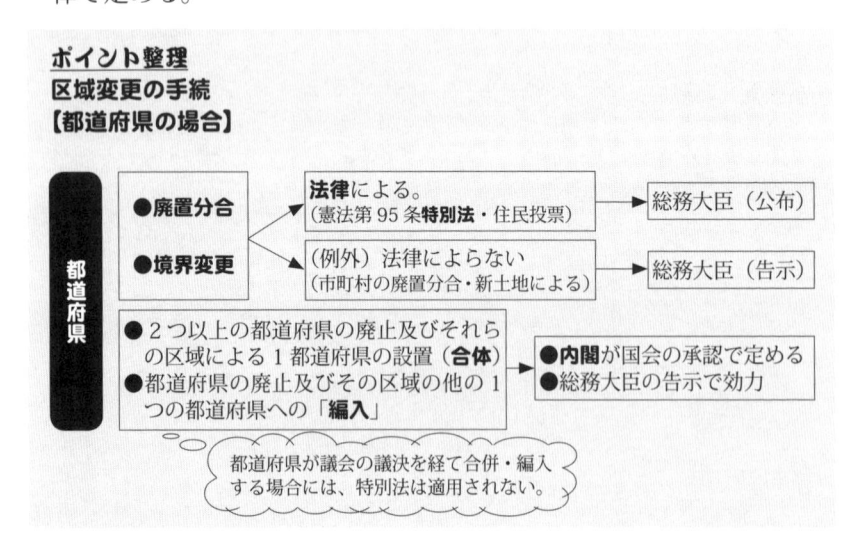

ポイント整理
区域変更の手続
【都道府県の場合】

都道府県

- ●廃置分合 → **法律**による。（憲法第95条**特別法**・住民投票） → 総務大臣（公布）
- ●境界変更 → （例外）法律によらない（市町村の廃置分合・新土地による） → 総務大臣（告示）

- ●2つ以上の都道府県の廃止及びそれらの区域による1都道府県の設置（**合体**）
- ●都道府県の廃止及びその区域の他の1つの都道府県への「**編入**」

→ ●**内閣**が国会の承認で定める
　●総務大臣の告示で効力

（都道府県が議会の議決を経て合併・編入する場合には、特別法は適用されない。）

【No.020 解説】
1　誤り。都道府県の廃置分合及び「境界変更」の手続は、「法律に基づいて」行わなければならない。この法律は憲法で定める地方自治特別法に当たるので「住民投票」による過半数の同意が必要である。
2　正解（法8条の2）。
3　誤り。市町村の境界変更は、関係市町村の申請に基づき知事が「当該都道府県議会の議決を経てから」決定し、総務大臣に届け出ることとされ、総務大臣の告示によって効力が生ずる。
4　誤り。市町村の廃置分合は、関係市町村が知事に申請しなければならないが、「市の廃置分合に限り」、知事はあらかじめ総務大臣と協議し同意を得なければならない。
5　誤り。2つ以上の都道府県の廃止及びそれらの区域の全部により一の都道府県を設置するときは、関係都道府県の申請に基づき、「内閣が国会の承認を経て定める」。

【市町村の場合】
○**「市」の廃置分合**については、知事があらかじめ総務大臣に「協議」を行い「同意」を得る手続が必要である。
○知事は、市町村の廃置分合又は境界変更の処分を行ったときは、直ちにその旨を総務大臣に届け出る必要がある。それを受理した総務大臣が告示する。

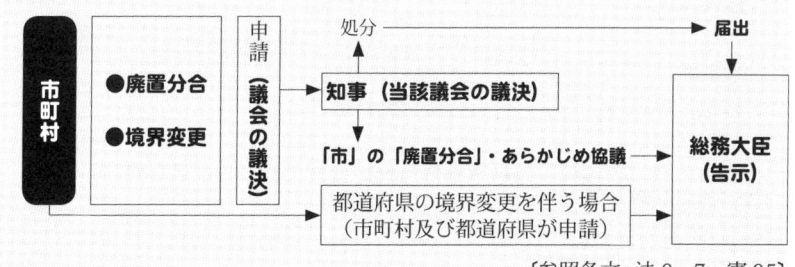

市町村 ─申請（議会の議決）→
- ●廃置分合
- ●境界変更

処分 → 知事（当該議会の議決） → 届出 → 総務大臣（告示）

「市」の「廃置分合」・あらかじめ協議 → 総務大臣（告示）

都道府県の境界変更を伴う場合（市町村及び都道府県が申請）→ 総務大臣（告示）

〔参照条文：法6・7、憲95〕

21　特別区の区域の変更

【No.021】　特別区の区域の変更の記述として、妥当なのはどれか。

1　特別区の廃置分合又は境界変更の手続については、市町村と同様であり、市町村に関する条文と同じ条文の規定を受ける。
2　特別区の廃置分合においては、特別区の区域の法人格の変更を伴った縮小を認めないことから、都内の市町村による特別区の設置を認めていない。
3　特別区の区域の変更は、特別区が主体的に発案する権限を有せず、また市と異なり、廃置分合及び境界変更が認められる場合が限定されている。
4　特別区の区域の変更は、関係区の議会の議決を経た申請に基づき都知事が都議会の議決で定めるので、あらかじめ総務大臣に協議する必要はない。
5　特別区の廃置分合では、特別区の区域を含む新たな市町村の設置や特別区の既存の市町村への編入は、認められていない。

ポイント整理
特別区の廃置分合及び境界変更

廃置分合境界変更	市町村	法第7条の規定
	特別区	法第281条の4 → 知事（都議会） → 総務大臣

○**発案権**………「特別区が持つ」
○**規定の適用**…「自治法第281条の4の適用」
○**手続**…………「特別区の廃置分合及び境界変更の手続は、市町村と同じである」
○**限定**…………「特別区の場合は、特別区の区域を含む新たな市町村の設置や特別区の既存の市町村への編入は、許容されておらず、特別区の存する区域の**法人格の変動を伴った縮小を認めない**趣旨となっている」
○特別区の廃置分合及び境界変更の手続は、関係特別区の「申請」に基づき、「都知事」が「都議会」の議決を経て定め、直ちに「総務大臣」に届出なければならない。

【No.021 解説】
1　誤り。特別区の廃置分合又は境界変更の手続については、市町村と同様であるが、市町村は「自治法第7条の条文」を受けるが、特別区は「自治法第281条の4の条文」の規定を受ける。
2　誤り。特別区の廃置分合においては、特別区の区域の法人格の変更を伴った縮小を認めていないが、「都内の市町村による特別区の設置は認めている」。
3　誤り。特別区の区域の変更は、特別区が主体的に発案する権限を「有する」が、市と異なり、廃置分合及び境界変更が認められる場合が限定されている。
4　誤り。特別区の区域の変更は、関係区の議会の議決を経た申請に基づき都知事が都議会の議決を経て定めるが、廃置分合のときは、都知事は、あらかじめ総務大臣に協議する必要が「ある」。
5　正解。

○特別区の廃置分合に関しては、都知事はあらかじめ総務大臣と協議しなければならない。
●特別区の廃置分合又は境界変更は、以下の場合に**限定**されている。
①市町村の廃置分合又は境界変更を伴わない特別区の廃置分合又は境界変更
②都と道府県との境界にわたる特別区の境界変更
③都内の市町村の区域の全部又は一部による特別区の設置
④都内の市町村の廃置分合又は境界変更を伴う特別区の境界変更で市町村の設置を伴わない場合

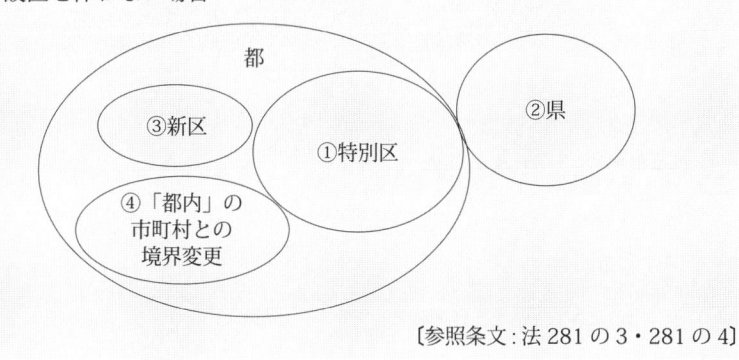

〔参照条文：法281の3・281の4〕

22　住民

【No.022】　住民の記述として、妥当なのはどれか。

1　住所は、住民であることの基礎的な要件であり、また住所は、選挙権や納税義務など住民の権利義務の成立要件である。
2　住民は、地方公共団体の基本的な構成要素であるものの、地方自治の運営主体ではない。
3　区市町村の区域に住所を有する者は、自然人、法人を問わず、また外国人を除き、当該区市町村及びこれを包括する都道府県の住民となる。
4　住民とは、住所を有する者をさし、この住所とは自然人の場合、生活の根拠地をいい、住民登録を行っている者をいう。
5　住民には、住所を有する法人も含まれ、法人の場合は、民法及び会社法の規定に基づく主たる事務所の所在地が住所となる。

ポイント整理
〇住民とは、自治法第10条第1項「市町村の区域内に住所を有する者は、当該市町村及びこれを包括する都道府県の住民とする。」いわゆる、本人の意思にかかわらず、「住所」を有する事実があれば、地方自治法上、当然に住民である。

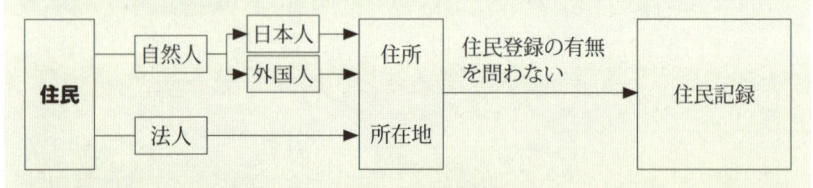

住民	→ 自然人 → 日本人／外国人 → 住所	住民登録の有無を問わない	住民記録
	→ 法人 → 所在地		

●地方自治法上の住民とは……
①住民は、「自然人」「法人」を問わない。
②自然人については、性別、年齢、行為能力の有無を問わない。
③住民は、日本人であると「外国人」とを問わない。
③住民は、選挙権などの有無を問わない。
④住民は、住民登録の有無を問わない。

【No.022 解説】
1 正解。
2 誤り。住民は、地方公共団体の基本的な構成要素であるとともに、地方自治の運営主体に「ほかならない」。
3 誤り。区市町村の区域に住所を有する者は、自然人、法人を問わず、また外国人を「含め」、当該区市町村及びこれを包括する都道府県の住民となる。
4 誤り。住民とは、住所を有する者をさし、この住所とは自然人の場合、生活の根拠地をいい、「住民登録の有無を問わない」。常住している客観的事実を基礎に、居住者の主観的居住意思を統合して決定される。
5 誤り。住民には、住所を有する法人も含まれるが、法人の「納税等」の場合には、「民法による法人は主たる事務所の所在地」（民法第50条、一般社団～第4条）を、「会社法による法人は本店の所在地」（会社法第4条）をそれぞれ住所としている。

○ただし、法人や外国人には、次の制限がある。
 ①法人には、住民としての権利義務に制限がある。
 ②外国人には、選挙権、被選挙権や直接請求権の行使等に制限がある。
●**住所の認定**
○**住所は**、選挙権や納税義務などの住民の権利義務の成立要件であり、住民であることの要件である。
●**住民記録**
○自治法は、「**区市町村**」は、別に法律に定めるところにより、その住民の住民たる地位に関する正確な記録を整備しておかなければならないと定めている。この規定により「**住民基本台帳法**」が定められている。
○住民基本台帳は、住民の居住関係の公証、選挙人名簿の登録、その他住民に関する事務処理の基礎となる。

〔参照条文：法10・13の2〕

23 選挙権・被選挙権

【No.023】 選挙権・被選挙権の記述として、妥当なのはどれか。

1 議員及び長の「選挙権」は、日本国民で、当該区域内に住所を有する年齢満20歳以上の者に与えられるが、住所を有するとは、引き続き6か月以上市町村の区域内に住所を有する者をさす。
2 議員及び長の「選挙権」を行使するためには、欠格事由に該当しないこと及び都道府県が調製する選挙人名簿への登録が要件とされている。
3 議員及び長の「選挙権」に対する欠格事由として、禁錮以上の刑に処せられた者が該当するが、成年被後見人や被保佐人は該当しない。
4 議員及び長の「被選挙権」は、日本国民であること及び年齢満25歳以上の者であって、欠格事由に該当しない者が有する。
5 議員及び長については、広く適材を求める配慮から、住所が「被選挙権」の要件とされていない。

ポイント整理

選挙権
日本国民 満20歳以上 **(3か月以上)** 住所を有すること

被選挙権		
議員	知事	区市町村長
日本国民 満(25)歳以上 住所要件必要	日本国民 満(30)歳以上	日本国民 満(25)歳以上

【No.023 解説】
1 誤り。議員及び長の選挙権は、日本国民で、当該区域内に住所を有する年齢満20歳以上で、引き続き「3」か月以上市町村の区域内に住所を有する者に与えられる。
2 誤り。議員及び長の選挙権を行使するためには、欠格事由に該当せず、かつ「区市町村」が調製する選挙人名簿に登録されることが要件である。
3 正解。
4 誤り。議員及び長の被選挙権は、一般的には日本国民の年齢満25歳以上の者であるが、ただし「知事」の場合は、日本国民の年齢満30歳以上の者である。
5 誤り。議員の被選挙権には「住所要件がある」が、長の場合には広く適材を求める配慮から、住所が被選挙権の要件とされていない。

○選挙権・被選挙権の欠格事由

①**禁錮以上の刑**に処せられ、その執行が終わるまでの者
②禁錮以上の刑に処せられ、その執行を受けることがなくなるまでの者（刑の執行猶予中の者を除く）
③**公職にある間に犯した収賄等の罪**により刑に処せられ、その執行を終わり、若しくはその執行の免除を受けた者で5年を経過しない者、又はその刑の執行猶予中の者
④**公職選挙法**に定める選挙、投票及び国民審査に関する犯罪により禁錮以上の刑に処せられ、その刑の執行猶予中の者
⑤**政治資金規正法の規定に該当する者**

〔参照条文：法18・19、公選法9・10・11〕

24 直接請求

【No.024】 直接請求に関する記述として、妥当なのはどれか。

1 条例の制定改廃請求は、選挙権を有する者の総数の50分の1以上の連署で長に対して請求できる。使用料や手数料の条例も請求の対象となる。
2 事務の監査請求は、代表者から監査委員に対し請求することができ、その監査委員の監査結果に不服であるときは、住民訴訟を提起することができる。
3 議会の解散請求は、有権者の総数の3分の1以上の者の連署により選挙管理委員会に対し請求することができるが、一般選挙の日から1年間は請求できない。
4 長の解職請求は、有権者の数にかかわらず総数の3分の1以上の連署による請求が必要であり、投票の結果、過半数の同意があるときに、長は失職する。
5 主要公務員の解職請求は、受理した長が議会に付議するが、議会で議員定数の3分の2以上が出席し4分の3以上の者の同意があるときに成立する。

【No.024 解説】
1 誤り。条例の制定改廃請求は、選挙権を有する者の総数の50分の1以上の連署で長に対して請求できるが、使用料や手数料の条例は請求の「対象とならない」。
2 誤り。事務の監査請求は、代表者から監査委員に対し請求することができるが、その監査委員の監査結果に不服であっても、住民訴訟を提起することは「できない」。
3 正解。
4 誤り。長の解職請求は、原則として有権者の総数の3分の1以上の連署による請求が必要であるが、「有権者の総数が40万と80万超えるときの例外規定」がある。なお投票の結果、過半数の同意があるときに、長は失職する。
5 誤り。主要公務員の解職請求は、受理した長が議会に付議するが、議会で「現任議員」の3分の2以上が出席し4分の3以上の者の同意があるときに成立する。

ポイント整理
直接請求制度

種類	有権者数	提出先	内容
条例制定改廃請求	50分の1	長	○長は20日以内に議会を招集し、「意見」を付して議会に付議する。 ○地方税・使用料・手数料等の条例は対象外である。
事務監査請求		監査	○監査委員は監査し、結果を報告する。 ○監査結果に対し訴訟を提起できない。
議会の解散請求 議員の解職請求 長の解職請求	3分の1 (総数が40万～80万の部分と80万を超える部分の例外あり)	選管	○選挙人の投票に付す。 ○過半数の同意があるとき、議会の解散、議員及び長は失職する。 ○原則1年間は請求できない。
主要公務員の解職請求 (選管・監査・公安等)		長	○長は議会に付議し、議会で現任議員の2/3以上が出席し、その3/4以上の同意があるとき失職する。 ○副知事、副区市町村長は1年間、その他は6か月請求できない。

教育委員は「地教行法」による

〔参照条文：法74・75・76・80・81・86〕

25 事務の監査請求と住民監査請求

【No.025】 事務の監査請求と住民監査請求の記述として、妥当なのはどれか。

		事務監査請求	住民監査請求
1	請求権者	有権者の3分の1	住民1人でも可
2	請求の対象	事務全般	違法・不当を含む公金等 相当の確実さの予測は含まぬ
3	請求の目的	地方財政運営の健全化	責任の所在の明確化
4	請求の結果	請求代表者に通知し、公表 同時に、執行機関等に勧告	請求者に通知し、公表 請求に理由あるとき報告
5	請求に対する訴訟	不可	一定の要件のもとに可

【No.025 解説】
5　正解。

		事務監査請求	住民監査請求
1	請求権者	有権者の「50分の1」	住民1人でも可
2	請求の対象	事務全般	違法・不当を含む公金等。相当の確実さの予測も「含む」
3	請求の目的	「責任の所在の明確化」	「地方財政運営の健全化」
4	請求の結果	請求代表者に通知し、公表 同時に執行機関等に「報告」	請求者に通知し、公表 請求に理由あるとき「勧告」
5	「正解」。請求に対する訴訟	不可	一定の要件のもとに可

ポイント整理

	項目	事務の監査請求	住民監査請求
1	請求権者	有権者の50分の1以上	住民1人でも可能
2	請求の対象	地方公共団体の事務及びその機関の権限に属する一切の事務	地方公共団体の職員等による「違法」又は「不当」な公金の支出等（相当の確実さをもって**予測**される場合も含む）
3	請求の目的	責任の所在の明白化	地方財政運営の健全化
4	監査の結果	請求代表人に通知し、公表と同時に、執行機関に「**報告**」	請求人に通知しかつ公表。請求に理由があるときは、執行機関などに必要な措置を「**勧告**」
5	期間	期間の制限はない	1年以内
6	監査結果の訴訟	不可	一定の要件のもとに可

●措置等に不服であるとき「違法に限り」、住民訴訟を提起できる

●勧告に法的拘束力はない

〔参照条文：法75・242〕

26 住民投票・請願制度等

【No.026】 住民投票・請願制度等の記述として、妥当なのはどれか。

1 住民投票は、地方公共団体における直接民主制の一方式として、憲法によらず、自治法によって認められる制度である。
2 住民投票は、住民に直接その意思を表明する機会を与えることであり、議会の解散請求に基づく解散の投票、議会の議員・長の解職請求に限られている。
3 請願は、一般には請願法に定められているが、当該地方公共団体の長に対して行う場合も、議員の紹介により行わなければならない。
4 請願については、当該地方公共団体の議会に対しても行うことができるが、議会への請願は、日本国民たると外国人たるを問わない。
5 陳情は、請願と本質的には変わらず、議会に対する陳情の場合には、議員の紹介要件がある。

【No.026 解説】
1　誤り。住民投票は、「憲法及び自治法によって認められる制度である」。
2　誤り。住民投票は、議会の解散請求に基づく解散の投票、議会の議員及び長の解職請求に「限られず」、憲法第 95 条の規定による特別法の住民投票もある。
3　誤り。請願は、当該地方公共団体の長に対して行う場合に、「議員の紹介を必要としない」。ただし議会への請願の場合は自治法が適用され、議員の紹介が必要である。
4　正解。
5　誤り。本質的には変わらないが、議会に対する陳情の場合には「議員の紹介要件がない」という点で異なる。

ポイント整理
○住民投票には
　①**直接請求**に基づく住民投票
　②憲法第 95 条に基づく地方自治**特別法**による住民投票がある。
（特別法には、都道府県の廃置分合や境界変更を定める法律などもある）
○請願権……**憲法**では、請願は国民の権利として規定している。

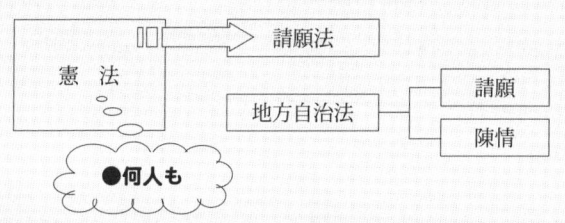

```
                      ┌──────→ 請願法
          憲　法 ─────┤
                      │                  ┌── 請願
                      └── 地方自治法 ────┤
                                          └── 陳情
        ●何人も
```

○**請願法**…………憲法を受けて法律で請願を保障している。
○**地方自治法**
　（**請願**）……地方議会への請願には議員の紹介が必要である。
　（**陳情**）……陳情は請願と同様であるが議員の紹介は不要である。
○請願権は、憲法第 16 条に「**何人も**……平穏に請願する権利を有し……」と規定され、それに基づき請願法が制定されている。
○**何人**には、日本人のみならず外国人も含まれる。自然人のみならず法人も含まれる。
○住民の権利として、明文化されていないが、住民は、議会の傍聴、地方公共団体への「陳情」などができる。

〔参照条文：憲 16・95、請願 5、法 124〕

27 国と地方公共団体との役割分担

【No.027】 国と地方公共団体との役割分担の記述として、妥当なのはどれか。

1 地方公共団体は、住民の福祉の増進を図ることを基本としているが、この地方公共団体とは、市町村を指し、都道府県を指しているわけではない。
2 国は、国が本来果たすべき役割を重点的に担い、住民に身近な行政はできる限り地方公共団体に委ねることを基本として、役割分担を図っている。
3 地方公共団体は、地域における行政を自主的かつ民主的に実施する役割を広く担うものとされている。
4 国が担う事務としは、国際的な事務及び全国的な規模・施策及び事業の実施を柱とし、全国的な統一を図る準則の事務は除かれている。
5 国と地方公共団体は、同じ法人格を有し、国と地方公共団体の間においては、原則として、上下関係又は監督被監督の関係にはない。

ポイント整理
○地方公共団体は、**「住民の福祉の増進」**を図ることを基本として、地域における行政を**「自主的」**かつ**「総合的」**に実施する役割を担う。(自治法第1条の2①)
○国は、国が本来果たすべき役割を重点的に担い、住民に身近な行政はできる限り地方公共団体に委ねることを基本として、役割分担を図っている。
○国と地方公共団体は、「別個」の法人格を有し、国と地方公共団体の間においては、原則として上下関係又は監督被監督の関係はない。
○**国と地方公共団体との役割分担**は、具体的には次のとおりである。

【No.027 解説】
1 誤り。この地方公共団体とは、「市町村のみならず都道府県を指している」。
2 正解。
3 誤り。地方公共団体は、地域における行政を自主的かつ「総合的」に実施する役割を広く担うものとされている。
4 誤り。国が担う事務としは、国際的な事務及び全国的な規模・施策及び事業の実施のほか、「全国的な統一を図る準則の事務も柱としている」。
5 誤り。国と地方公共団体は、「別個」の法人格を有し、原則として、上下関係又は監督被監督の関係はない。

国	①**国際社会**における国家としての存立にかかわる事務 ②**全国的に統一**して定めることが望ましい国民の諸活動若しくは地方自治に関する基本的な**準則**に関する事務 ③**全国的な規模**で若しくは全国的な視点に立って行わなければならない施策及び事業の実施など
都	①**広域事務** ②**連絡調整事務** ③**規模又は性質の事務** ← **普通地方公共団体**
市町村	○市町村は、**基礎的**な地方公共団体として、都道府県が処理するものを除き、一般的に、「地域における事務」及び「その他の事務で法律又はこれに基づく政令により処理するものとされている事務を処理する。」 ○市町村は、普通地方公共団体の事務のうち、都道府県が処理する事務を除き、処理することができることから、市町村には、事務処理に関し「**市町村優先の原則**」がとられている。

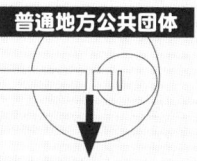

〔参照条文:法1の2〕

28 地方公共団体の事務

【No.028】 地方公共団体の事務の記述として、妥当なのはどれか。

1 事務には、地域における事務とその他の事務で法律又はこれに基づく政令により処理する事務があるが、これらの事務は都道府県と市町村の事務である。
2 地域における事務及びその他の事務で法律又はこれに基づく政令により処理する事務は、自治事務であり、法定受託事務ではない。
3 地方公共団体が処理する事務のうち、自治事務を除いた事務が法定受託事務と位置づけされている。
4 自治事務は、法令により地方公共団体が処理する事務であり、具体的な事務の種類については自治法の別表に列挙されている。
5 法定受託事務のうち、第一号法定受託事務は都道府県が本来果たすべき事務であり、第二号法定受託事務は国が本来果たすべき事務である。

【No.028 解説】
1 正解。(地域における事務とその他の事務で法律又はこれに基づく政令により処理する事務は「地方公共団体の事務」である。したがって、これらの事務は「都道府県と市町村」の事務とされている。)
2 誤り。地域における事務及びその他の事務で法律又はこれに基づく政令により処理する事務は、自治事務のみならず「法定受託事務にもある」。
3 誤り。「法定受託事務」を除いた事務が「自治事務」と位置づけされている。
4 誤り。自治事務は、本来的な事務であり、「自治法の別表に列挙されていない」。具体的な事務の種類が自治法の別表に列挙されている事務は「法定受託事務」である。
5 誤り。法定受託事務のうち、第一号法定受託事務は都道府県又は区市町村が処理する事務で「国が本来果たすべき事務」であり、第二号法定受託事務は区市町村が処理する事務で「都道府県が本来果たすべき事務」である。

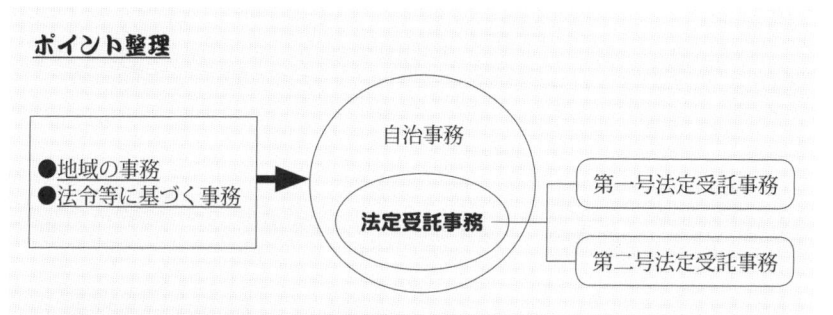

ポイント整理

● 地域の事務
● 法令等に基づく事務
→ 自治事務
　法定受託事務 → 第一号法定受託事務
　　　　　　　　　第二号法定受託事務

○地方公共団体の事務は、自治事務と法定受託事務に大別され、これ以外の事務はない。
●**自治事務は**、地方公共団体の本来的事務であり、地方公共団体が処理する事務のうち、法定受託事務以外のものをいう。

〔参照条文:法2〕

29 自治事務と法定受託事務

【No.029】 自治事務と法定受託事務の記述として、妥当なのはどれか。

1 自治事務には、例外なく議会の権限が及ぶが、法定受託事務には、国の安全、個人の秘密のほか、労働委員会及び収用委員会の権限事務には及ばない。
2 自治事務には、原則として国等への審査請求を行うことができるが、法定受託事務には、原則として国等への審査請求を行うことはできない。
3 自治事務及び法定受託事務ともに、原則として監査委員の権限が及ぶが、ただし例外として、労働委員会及び収用委員会の権限事務には及ばない。
4 自治事務には、代執行を行うことが全くできないが、法定受託事務には、一定の手続を経た上で行うことができる。
5 法定受託事務については、法令の根拠の有無にかかわらず、法令に違反しない限りにおいて、自治立法権に基づく条例を制定できる。

【No.029 解説】
1　誤り。議会の権限は、自治事務は「労働委員会及び収用委員会の権限事務を除き」及び、法定受託事務は国の安全、個人の秘密のほか、労働委員会及び収用委員会の権限事務には及ばない。
2　誤り。行政不服審査に基づく国等への審査請求については、自治事務は「原則として行うことができない」が、法定受託事務は原則として「行うことができる」。
3　誤り。監査委員の権限は、自治事務は「労働委員会及び収用委員会の権限事務を除き」及び、法定受託事務は「国の安全、個人の秘密のほか、労働委員会及び収用委員会の権限事務を除き」及ぶ。
4　誤り。代執行は、自治事務は「原則できない」が「全くできないわけではない」。法定受託事務は一定の手続を経た上で行うことができる。
5　正解。

ポイント整理
自治事務と法定受託事務の比較

	自治事務	法定受託事務
条例の制定権	●法令に違反しない限り制定できる （いずれも法の根拠の有無にかかわらず制定できる）	
議会の権限 監査の権限	●原則及ぶ （労働委員会・収用委員会の権限事務を除く）	●原則及ぶ （国の安全・個人の秘密・労働委員会及び収用委員会の権限事務を除く）
行政不服審査	●原則、国への審査請求は不可	●原則、国への審査請求は可
代執行	●原則、不可	●原則、可 （一定の手続を経て可）

〔参照条文：法2〕

30 都道府県と市町村との事務分担

【No.030】 都道府県と市町村との事務分担の記述として、妥当なのはどれか。

1 地方公共団体が処理する事務は、都道府県と市町村が分担することになるが、両者が相互に競合して事務分担を行うことを禁じている。
2 地方公共団体が処理する事務は、都道府県と市町村が分担するが、都道府県は市町村が処理する事務を除き、分担することになる。
3 都道府県は、市町村を包括する広域の地方公共団体として、広域にわたる事務、市町村に関する連絡調整事務及び統一事務の3つの事務を分担する。
4 地域における事務及びその他の事務で法律又は政令に基づく事務については、市町村のみが基礎的な地方公共団体として分担する役割を有している。
5 市町村は、都道府県の分担事務を除き地方公共団体の事務を分担するので、その意味では、市町村は事務分担に関し市町村優先の原則を持っている。

【No.030 解説】
1　誤り。地方公共団体が処理する事務は、都道府県と市町村が分担することになるが、両者が相互に競合して事務分担を行うことのないよう「努める」としている。「競合を禁じているわけではない」。
2　誤り。記述は逆で、「市町村」は「都道府県」が処理する事務を除き、分担することになる。
3　誤り。都道府県は、市町村を包括する広域の地方公共団体として、広域にわたる事務、市町村に関する連絡調整事務及び「一般の市町村が処理することが適当でない規模又は性質の事務」の3つの事務を分担する。統一事務は廃止されている。
4　誤り。地域における事務及びその他の事務で法律又は政令に基づく事務は、「市町村のみならず都道府県も分担」する。
5　正解。

ポイント整理
都道府県と市町村との役割分担

普通地方公共団体の事務

- 都道府県の事務
  - ●広域事務
  - ●連絡調整事務
  - ●規模・性質事務
- 市町村の事務
  - 都道府県の事務以外の事務を処理する

①都道府県の事務
○都道府県は、市町村を包括する広域の地方公共団体として、次の3事務を処理する。
  [1] **広域**にわたる事務
  [2] 市町村に関する**連絡調整**に関する事務
  [3] その**規模又は性質**において市町村が処理することが適当でない事務を処理する。

〔参照条文：法2〕

31 条例による事務処理の特例

【No.031】 条例による事務処理の特例の記述として、妥当なのはどれか。

1 この特例制度は、都道府県知事の権限に属する事務の一部を、法律の定めるところにより、区市町村が処理することができる制度である。
2 この特例制度は、都道府県条例に基づき事務移譲を進めるものであって、この条例の制定改廃には、区市町村との協議を必要としない制度である。
3 この特例制度は、当該移譲事務について規定している法令、条例等については、当該移譲事務を受けた当該区市町村に適用されない制度である。
4 この特例制度は、移譲事務において、知事の権限事務は自治法に基づき、都道府県教育委員会の権限事務は地教行法に基づく制度である。
5 この特例制度は、当該移譲事務に関し国の行政機関が区市町村に行う助言等、資料の提出要求、是正の要求等は、直接国の行政機関が行う制度である。

ポイント整理
○条例による事務処理の特例は、**知事の権限**に属する事務及び**教育委員会の権限**に属する事務の一部を「都道府県条例」の定めるところに従って、区市町村が処理する制度である。
○この条例の制定改廃については、知事は、あらかじめ当該事務を処理する区市町村の長に協議しなければならない。
○区市町村長は、議会の議決を経て、知事に対し条例による事務の配分を要請することができる。

【特例】
○ [法令等の適用]…当該事務に係る法令、条例又は規則中、都道府県に係る規定は、当該事務の範囲内において当該区市町村に関する規定として適用される。
①当該事務に関する法令がある場合には、その法令も一緒についていく。
②当該事務に関する都道府県条例又は規則がある場合は、その条例又は

【No.031 解説】
1 誤り。この特例制度は、都道府県知事の権限に属する事務の一部を、「都道府県条例」の定めるところにより、区市町村が処理することができる制度である。
2 誤り。この特例制度は、都道府県条例に基づき事務移譲を進めるもので、この条例の制定改廃については、知事は、あらかじめ区市町村と「協議しなければならない」制度である。
3 誤り。この特例制度は、当該移譲事務について規定している法令、条例等については、当該事務の範囲内で当該区市町村に関する規定として「適用される」制度である。
4 正解。
5 誤り。この特例制度は、当該移譲事務に関し国の行政機関が区市町村に行う助言等、資料の提出要求、是正の要求等は、「知事を通じて」行う制度である。

規則もついていく。
③当該事務について関係する規定がないときは、移譲を受けた区市町村の条例又は規則が適用される。

【特則】
○ [国の市町村への**関与**]
 ・当該事務に関して、国の行政機関が区市町村に対して行うことになる「助言・勧告、資料の要求又は是正の要求等」は、**「知事」を通じ**て行うことができる。
○ [国の行政機関との**協議等**]
 ・区市町村に適用あるものとされる法令の規定により区市町村が国の行政機関と行う「協議」は、「知事」を通じて行うものとし、国の行政機関が市町村に対して行う許認可等に係る区市町村からの申請等は、**「知事」を経由**して行う。
○ [自治事務に係る**是正の要求**]
 ・知事は、当該事務のうち自治事務に係る市町村の違法な事務処理等に対する是正の要求を行うことができる。
○ [法定受託事務に係る**代執行**等]
 ・各大臣は、当該事務のうち法定受託事務に係る区市町村の「違法」な事務処理又は「不作為」等について、直接代執行をすることができる。

〔参照条文：法252の17の2・252の17の3・4〕

32 事務処理の原則

【No.032】 事務処理の原則の記述として、妥当なのはどれか。

1 法令適合の原則とは、法令に違反して事務を処理してはならないとする原則であり、法令又は都道府県条例に反する区市町村の行為は無効となる。
2 住民福祉の原則とは、地方公共団体は住民の福祉の増進に努めなければならないとする原則であり、この原則は自治体存立の第一義的な目的でない。
3 能率化の原則とは、地方公共団体には、最少の経費で最大の効果をあげる義務があるとする原則である。
4 合理化の原則とは、常に組織及び運営の合理化を図らなければならないとする原則であり、都道府県と区市町村の事務処理の競合の一切の禁止がある。
5 総合性・計画性の原則とは、総合的かつ計画的な行政運営を図らなければならないとする原則であり　この原則に基づき、区市町村は基本構想を定めなければならない。

【No.032 解説】
1 正解。
2 誤り。住民福祉の原則とは、地方公共団体は住民の福祉の増進に努めなければならないとする原則であり、この原則は自治体存立の「第一義的な目的であり」、努力規定である。
3 誤り。能率化の原則とは、地方公共団体には、最少の経費で最大の効果をあげるように「努める」とする原則である。「原則は義務ではなく、努力義務である」。
4 誤り。合理化の原則とは、常に組織及び運営の合理化を図らなければならないとする原則であり、都道府県と区市町村の事務処理は競合しないように努めなければならない。「一切の禁止ではない」。それぞれの病院設置は相互の競合ではない。
5 誤り。総合性・計画性の原則とは、総合的かつ計画的な行政運営を図らなければならないとする原則であるが、「自治法に基づき区市町村が基本構想を定める規定は廃止されている」。

ポイント整理
○自治法は、地方公共団体が行う「事務処理の原則」を定めている。
① **「法令適合の原則」**
② **「住民福祉の原則」**
③ **「能率化の原則」**
④ **「合理化の原則」**
⑤ **「総合性・計画性の原則」**

〔参照条文:法2〕

33　条例

【No.033】　条例の記述として、妥当なのはどれか。

1　条例は、法令に違反しない限りにおいて、地方公共団体の事務に関し制定することができるが、条例の制定に当たっては法律の授権を必要とする。
2　条例は、法令に違反して制定することができず、条例が法令に抵触するときは、その限度で取消しの対象となる。
3　条例は、原則として自治法第2条に定める事務に関して制定できるが、長の専属的権限に属する事項については制定することができない。
4　条例は、法令と同一の目的で法令の規制していない事項を規制する定めをすることができるが、この条例を上乗せ条例という。
5　地方公共団体が義務を課し又は権利を制限する場合に、法律に特別の定めがある場合を除くほか、条例で定めるのは任意とされている。

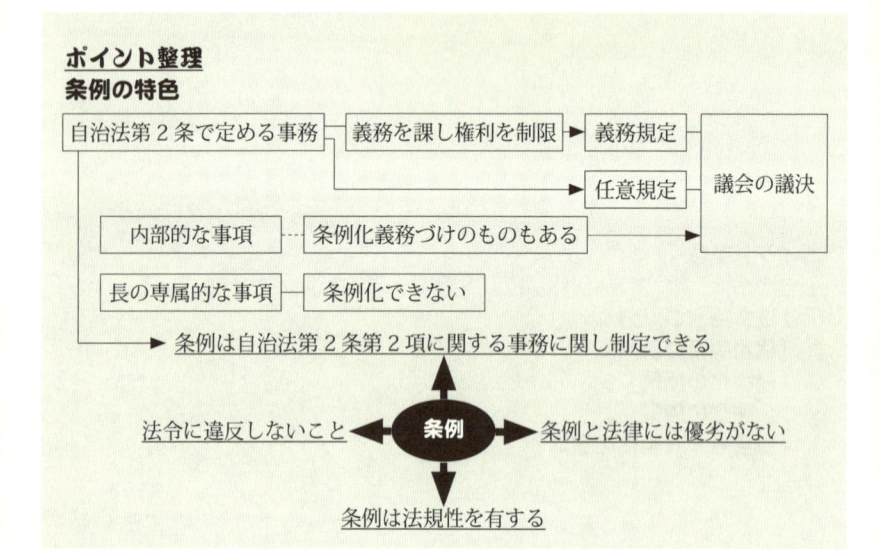

ポイント整理
条例の特色

- 自治法第2条で定める事務 ─ 義務を課し権利を制限 ─ 義務規定 ─ 議会の議決
  - 任意規定 ─ 議会の議決
- 内部的な事項 … 条例化義務づけのものもある
- 長の専属的な事項 ─ 条例化できない

→条例は自治法第2条第2項に関する事務に関し制定できる

法令に違反しないこと ← 条例 → 条例と法律には優劣がない

条例は法規性を有する

【No.033 解説】
1　誤り。条例の制定には「個別の法律の授権を必要としない」。
2　誤り。条例が法令に抵触するときは、その限度で「無効」となる。
3　正解。
4　誤り。この条例を「横出し条例」という。
5　誤り。地方公共団体が義務を課し又は権利を制限する場合に、法律に特別の定めがある場合を除くほか、条例で定めるのは「義務」とされている。

(**根拠**) 条例の制定権は、憲法に由来する。憲法にいう「条例」は広義の条例であり、地方公共団体の自主法を総称する。
○条例の制定にあたっては、個別の法律の授権を要しない。
(**事務**) 条例は、法令に違反しない限りにおいて、「自治法第2条第2項の地方公共団体の事務」(自治事務・法定受託事務)に関して制定できる。
(**注意**) 条例は「地方公共団体の事務」に関して制定できるとする表現の場合がある。問題によってはこれも正解の場合もあるが、自治法第2条に定める事務でなければ正解としない問題もある。
○条例は、議会の議決を経なければならない。
○地方公共団体が、住民に「義務を課し又は権利を制限する場合」には、法令に定めがある場合を除き、必ず条例で定めなければならない。
○地方公共団体の「**内部的事項**」を定めることは長の権限であるが、自治法には、地方公共団体の内部的事項に関して、条例で定めることを義務づけているものがある。また自治法以外にも、例えば、地教行法、地公法その他の法律において、この種の規定をもつものがある。
○地方公共団体の「**長の専属的権限**」に属する事項は、条例で定めることができない。
(**制約**) 条例は、法令に違反してはならない、条例が法令に抵触するときは、その限度で無効となる。
(**法規性**) 条例は、一般に法規的な性質をもつ。
(**優劣**) 条例と法律の間には、原則として優劣はない。ただし条例が法律に抵触するときには無効となる。
(**横出し条例**) 法令と同一の目的で、法令の規制していない事項を規制する条例をいう。
(**上乗せ条例**) 法令と同一の目的で、同一の事項について、より厳しい内容の規制をする条例をいう。

〔参照条文：法14・憲94〕

34　条例の制定手続

【No.034】　条例の制定手続の記述として、妥当なのはどれか。

1　条例は、原則として議員及び長に提案権があり、例えば、当該地方公共団体の組織条例についても、両者に提案権がある。
2　条例は、議会の議決により成立するが、議会の条例に対する議決は、すべて出席議員の過半数の賛成による。
3　議会の議長は、条例の制定改廃の議決と予算に関する議決があったときに限り、議決の日から3日以内に議決書を長に送付する義務がある。
4　長は、議長から条例の議決書の送付を受けたときは、送付を受けた日から20日以内に、例外なく条例を公布する手続をとらなければならない。
5　条例は、規則と異なり、特別の定めがある場合を除き、公布の日から起算して10日を経過した日から施行される。

ポイント整理
条例の制定手続
①「条例の提案権」は、原則として、地方公共団体の長、及び議会の議員・委員会にある。しかし、庁舎や出張所の設置条例、組織条例の提案権は、長に専属している。また議会の委員会条例や議会事務局設置条例などは、議員又は委員会に提案権が専属している。

過半数議決（事務所条例を除く）

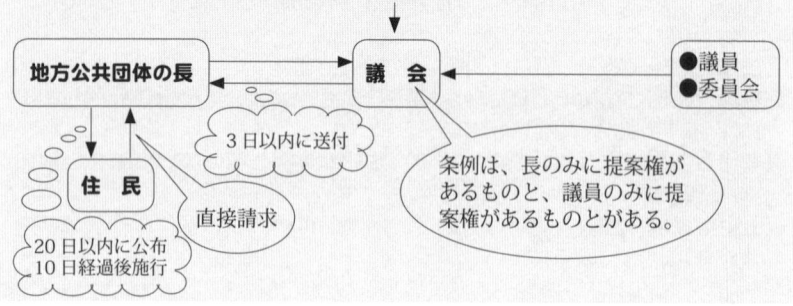

```
地方公共団体の長 ← 議　会 ← ●議員
                              ●委員会

       3日以内に送付

住　民          直接請求      条例は、長のみに提案権が
                              あるものと、議員のみに提
20日以内に公布                案権があるものとがある。
10日経過後施行
```

【No.034 解説】
1 　誤り。当該地方公共団体の組織条例については、「長」に提案権が専属する。
2 　誤り。議会の条例に対する議決は、「原則として」出席議員の過半数の賛成によるが、例外として事務所の設置条例は出席議員の3分の2以上の賛成による。
3 　正解。
4 　誤り。長は、議長から条例の議決書の送付を受けたときは、送付を受けた日から20日以内に、「再議に付す等の措置を講じた場合を除き」、条例を公布する手続をとらなければならない。
5 　誤り。条例と「規則は」同じく、特別の定めがある場合を除き、公布の日から起算して10日を経過した日から施行される。

②「議員の条例提案権」は、「議員定数の12分の1以上」の連署が必要である。
○議会の各委員会も、条例案を議会に提出することができる。
③「条例の議決」は、原則、出席議員の「過半数」による。ただし事務所の設置条例に限り、出席議員の3分の2以上の特別多数議決が必要である。
④「条例の議決書の送付」は、条例の制定又は改廃の議決があったとき、議会の議長は、議決日から3日以内に議決書を長に送付しなければならない。
⑤「条例の公布又は施行」は、原則として、議決書の送付を受けた日から、「再議その他の措置を講じた場合を除き」、20日以内に公布され、特別の定めがある場合を除き、公布の日から10日を経過した日から施行される。例外として、公布の日以前に遡ることもできる。
○条例の効力は、原則その地方公共団体の区域内に限るが、住民だけでなく、その区域にいるすべての人に及ぶ場合がある。
○長の署名、施行期日の特例その他条例の公布に関し必要な事項は、条例で定めなければならない。
　※市町村は知事に、都道府県は総務大臣に対する条例の報告義務は廃止されている。

〔参照条文：法14・16〕

35 規則

【No.035】 規則の記述として、妥当なのはどれか。

1 規則は、単なる当該地方公共団体の内部的規則の性質を有するもののほか、住民の権利義務に関する法規の性質を有するものも定めることができる。
2 規則は、条例と異なり、憲法で定めた自治立法権には属さないので、自治法にその根拠を置くとされている。
3 規則と条例の間には、形式的な効力の優劣はなく、条例で定めるべき事項について、条例がその細部を規則で定めるよう委任することはできない。
4 規則は、その実効性を確保するために、規則に違反した者に対し過料の規定を定めることができるが、法令に根拠があっても刑罰は規定できない。
5 規則は、長の権限に属する事務に関して制定されるので、条例とは異なり、効力を発生させるために、公布の手続を必要としない。

ポイント整理
（制定）憲法第94条の条例は、一般的には、自治立法権を意味すると解されており、その自治立法権には条例及び規則がある。
○地方公共団体の長は、法令に違反しない限り、その権限に属する事務に関して規則を制定することができる。法令に違反する規則は「無効」である。
○規則は、条例と「別個」の自治立法の形式であって、当然には、法律と法律に基づく政令のような関係に立つものではない。
○規則は、長が定めるもののほか、行政委員会、議会も定めることができる。
①長は、議会や他の執行機関の権限に属する事項については、規則を制定することができない。
②行政委員会は、法令、条例、長の規則に反しない限りにおいて、その権限に属する事務に関して、規則その他の規程・要綱などを定めることができる。
③議会は会議規則、議長は傍聴人規則などを定めることができる。
○規則の制定には、議会の議決を必要としない（議会の会議規則を除く）。

【No.035 解説】
1 正解。
2 誤り。規則は、条例と「同様」に、憲法で定めた自治立法権に「属する」こととされており、ゆえに「憲法」にその根拠を置くとされている。
3 誤り。条例で定めるべき事項について、条例がその細部を規則で定めるよう「委任することができる」。
4 誤り。規則は、規則に違反した者に対し過料の規定を定めることができるし、「法令に根拠があれば刑罰を規定することができる」。
5 誤り。規則は、条例と「同様に」、効力を発生させるために、「公布の手続が必要である」。

(**事務**) 規則は、自治事務及び法定受託事務に関して制定できる。
(**範囲**) 規則は、**法令に違反しない限り**において、次の権限に属する事務に関し制定することができる。
①**住民の権利義務**については、**法律又は条例の委任がある場合以外**は、規則で制定することができない。
②**内部規律に関する事項**としては、財務規則や事務分掌を定める規則がある。これらは、直接住民に関するものではなく、地方公共団体の内部的な組織及び運営に関する規定を内容とする。
(**優劣**) 条例と規則との間には、原則として優劣はない。ただし両者が抵触した場合には、条例が優先する。
(**報告**) 規則は、条例と同様に、都道府県知事又は総務大臣に報告する義務はない。
(**公布等**) 規則の公布、施行手続は、条例に準じる。
(**罰則**) 規則で、行政上の「秩序罰」としての性格の5万円以下の「過料」を定める規定を設けることができる。この場合、地方公共団体の長が科する。
○規則で刑罰を定める規定を設けることはできないが、ただし例外的に法律の委任がある場合に限り、刑罰を定めることができる。
(**効果**) 規則の効果は、原則として当該地方公共団体の区域内に限定されるが、その対象は、当該地方公共団体の住民に限られない。

〔参照条文:憲94・法15・120・130・138の4〕

36 条例及び規則の効力・罰則

【No.036】 条例及び規則の効力・罰則の記述として、妥当なのはどれか。

1 条例と規則は、それぞれ所管事項を異にするが、効力については優劣があり、条例と規則が競合する場合には条例が優先する。
2 条例及び規則の効力が及ぶ範囲は、原則として当該地方公共団体の区域内の住民に限定され、区域内の住民以外の者には及ばない。
3 条例と規則は、原則として区域内の住民だけではなく、すべての人に対して効力が及ぶ場合があるが、これを属人的効力という。
4 条例に違反した者には、刑罰又は過料を裁判所が科するが、規則に違反した者に対する過料は刑罰ではないので、長が科する。
5 条例と規則は、それぞれ過料を定めることができるが、いずれの過料も5万円以下を科するものとなる。

ポイント整理
●条例及び規則の効力
○条例は、特別の定めがある場合を除き、公布の日から10日を経過した日から施行される。例外として、公布の日以前に遡ることもできる。
○条例及び規則の効力には………「地域的効力」「属人的効力」「時間的効力」の3つがある。
○**地域的**効力……条例及び規則は、原則として当該地方公共団体の区域内に限定される。同時に、原則として住民だけではなく、その地方公共団体の区域内にいるすべての人に対して効力が及ぶ場合がある。
○**属人的**効力……条例及び規則は、職員の給与や勤務時間に関する場合や情報公開条例における開示請求権のように、特定の人に追随して効力が及ぶ場合がある。
○**時間的**効力……条例及び規則は、一般的法令と同様に、公布、施行された日から執行又は廃止された日まで効力が及ぶ。
●罰則
○条例に違反した者に対し、「刑罰」を科する規定を設けることができる。
○刑罰には、懲役、禁錮、罰金、拘留、科料及び没収の刑がある。
○刑罰は、裁判所が管轄する。

【No.036 解説】
1 誤り。条例と規則は、それぞれ所管事項を異にするため、原則として効力に「優劣はない」。しかし条例と規則が競合する場合には条例が優先する。
2 誤り。条例及び規則の効力が及ぶ範囲は、原則として当該地方公共団体の区域内の住民に「限定されず」、区域内の住民以外の者にも「及ぶ場合がある」。
3 誤り。条例と規則は、原則として区域内の住民だけではなく、すべての人に対して効力が及ぶ場合があるが、これを「地域的効力」という。
4 誤り。刑罰は「裁判所が科する」が、条例及び規則に違反した者に対する「過料は、刑罰ではないので、長が科する」。
5 正解。

○条例又は規則に違反した者に対し、「過料」を科する規定を設けることができる。過料は地方公共団体の長が科する。

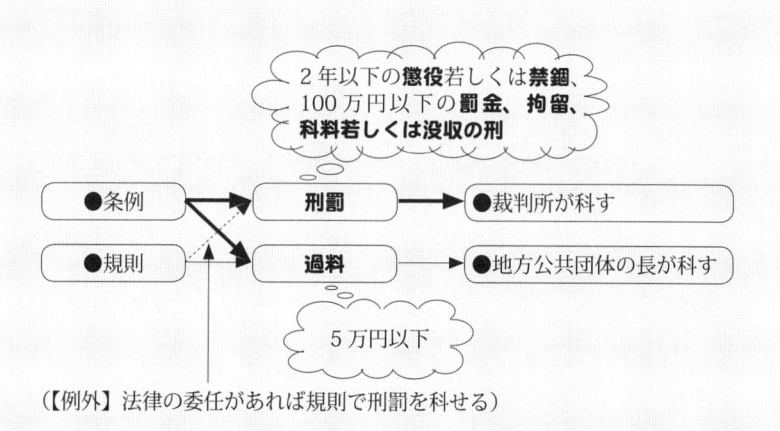

2年以下の**懲役**若しくは**禁錮**、
100万円以下の**罰金、拘留、**
科料若しくは没収の刑

●条例 → **刑罰** → ●裁判所が科す

●規則 → **過料** → ●地方公共団体の長が科す

5万円以下

(【例外】法律の委任があれば規則で刑罰を科せる)

〔参照条文:法14・15・16〕

37　要綱行政

【No.037】　要綱行政の記述として、妥当なのはどれか。

1　要綱行政とは、地方公共団体が事務の取扱方針や基準を要綱という形で定め、要綱に準拠した形で行政運営を行うことである。
2　要綱は、地方公共団体が機敏に対応しなければならない必要に迫れ、法律等の不備や欠陥を補うために要綱をもつことが多く、法令の性格を持つ。
3　要綱の役割は、内部管理的な分野における取扱いの基準、補助金やサービス提供などの給付行政的な分野に限られている。
4　要綱は、あくまでも内部的な規定でありながら、その多くは権限や強制力に頼る傾向をもつという特徴がある。
5　要綱は、議会の議決を必要とすることから、要綱の多用は、議会機能を補完する役割をも有するものとして認知されている。

【No.037 解説】
1 正解。
2 誤り。要綱は、法令の性格は「持たない」。
3 誤り。要綱行政における要綱の役割は、内部管理的な分野における取扱いの基準、補助金やサービス提供などの給付行政的な分野のほか、「住民の権利義務に係る規制的な行政活動の基準」とされている。
4 誤り。要綱行政の要綱は、あくまでも内部的な規定であり、権限や強制力に頼る傾向を「持たない」。
5 誤り。要綱は、議会の議決を「必要としない」ことから、要綱の多用は、議会機能を「忌避しているとの批判もある」。

ポイント整理
○要綱は、地方公共団体が、事務の取扱方針や基準を定めるものである。
○要綱は、行政機関の内部規定にとどまるものである。
○要綱は、内部管理基準、給付行政基準、住民規制基準の「3種類」に分類される。
○要綱は、地方公共団体の内部管理的な分野における取扱いの基準や行政運営の指針として機能しているほか、補助金やサービス提供などの給付行政的な分野、住民の権利義務にかかわる規制的な行政活動の根拠として取り扱われる例もある。
○地方公共団体では、宅地開発や住宅建設の規制、大規模店舗の進出に関する規制の分野で、要綱に基づく行政による規制が行われている。
○要綱は、対住民の関係では、法的効力を持たない。
○要綱は、権限や強制力を持たない。

38 議会の設置と議員の定数

【No.038】 議会の設置と議員の定数の記述として、妥当なのはどれか。

1 普通地方公共団体には議会を設置しなければならないので、議会に代わる制度を適用することはできない。
2 議会には、予算や重要な契約の締結の議決権など、行政作用に参与・決定する機能が認められているが、行政をけん制する機能は認められていない。
3 憲法では、議事機関として議会を設置するとしており、その議会は、直接又は間接に選挙する議員で構成するとしている。
4 普通地方公共団体の議員の定数は、人口に比例した上限数の範囲内において条例で定めた定数制度が適用される。
5 都道府県及び区市町村の議員の定数は、条例で定められ、議員の定数の変更は、原則として一般選挙の場合でなければならない。

【No.038 解説】
1 誤り。普通地方公共団体には議会を設置しなければならないが、町村においては議会に代わる制度として「総会を適用することができる」。
2 誤り。議会には、「行政を監視し、けん制し、統制する機能も認められている」。
3 誤り。憲法では、議会は、「直接に選挙する議員」で構成するとしている。間接選挙を認めていない。
4 誤り。普通地方公共団体の議員の定数は、「それぞれの団体において条例で自由に定めることができる」。法律上の制限規定は廃止されている。
5 正解。

ポイント整理
議会の設置
○普通地方公共団体は、「議会」を設置しなければならない。
 ただし、町村は、条例で議会を置かず、選挙権を有する者の「**総会**」を置くことができる。

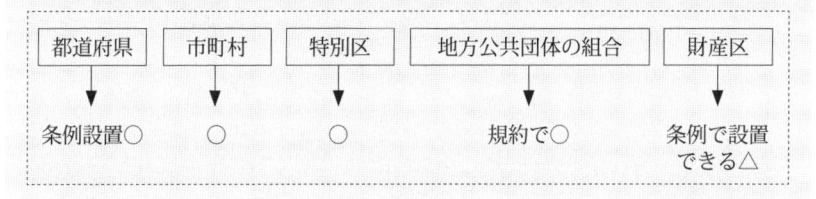

都道府県	市町村	特別区	地方公共団体の組合	財産区
条例設置○	○	○	規約で○	条例で設置できる△

○特別地方公共団体の「特別区」「地方公共団体の組合」も、議会を設置しなければならない。財産区は「条例」で議会を置くことができる。

議員の定数
○議員の定数は、「**条例**」により自主的に決定される。
○都道府県及び区市町村の議員の定数の変更は、原則として一般選挙のときとなる。

〔参照条文：法89・90、憲93〕

39　議員の兼職・兼業の禁止

【No.039】　議員の兼職・兼業の禁止の記述として、妥当なのはどれか。

1　議員は、他の地方公共団体の議会の議員と兼職することが禁止されているから、当然に一部事務組合の議会の議員とも兼職することができない。
2　議員は、普通地方公共団体の常勤の職員との兼職は認められていないが、非常勤の職員との兼職は認められている。
3　議員は、普通地方公共団体の長、副知事・副区市町村長のほか、すべての行政委員会の委員と兼職することができない。
4　議員は、当該地方公共団体に対し請負をする者又は業務の主要な部分が当該地方公共団体に対する請負で占める法人の役員に就くことができない。
5　議員は、当該地方公共団体に対して請負をする者及びその支配人、並びにその孫請け人となることができない。

ポイント整理

	【兼職禁止】		【兼業禁止】
①	国会議員・裁判官	①	当該団体と直接の個人請負（支配人）
②	他の地方公共団体の議員（一部事務組合の議員等を除く）	②	当該団体と請負関係にある法人の役員（**無限責任社員、取締役、執行役等**）となることができない。
③	行政委員会の委員（監査委員除く）		
④	常勤の職員（短時間勤務職員含む）		

〔兼職の禁止〕

①議員は、国会議員と兼職できない。国会議員は衆議院議員及び参議院議員である。
②議員は、他の地方公共団体の議員と兼職できない。
〇この地方公共団体には、すべての地方公共団体を含む。特別地方公共団体も含まれる。
〇例外として、自治法第287条第2項等の規定により、一部事務組合又は広域連合の議員と兼職できる。

【No.039 解説】
1 誤り。議員は、他の地方公共団体の議会の議員と兼職することが禁止されているが、一部事務組合の議会の議員と兼職することは「できる」。
2 誤り。議員は、普通地方公共団体の常勤の職員との兼職は認められていないし、非常勤である「短時間勤務職員との兼職も認められていない」。
3 誤り。議員は、普通地方公共団体の長、副知事・副区市町村長のほか、原則として行政委員会の委員と兼職することができないが「すべてではない」。監査委員との兼職は禁止されていない。
4 正解。
5 誤り。議員は、当該地方公共団体に対して請負をする者及びその支配人となることができないが、「その請負の孫請け(下請け)まで禁止していない」。

③議員は、行政委員会の委員と兼職できない。
○議員は、選挙管理委員、教育委員、人事委員(公平)、公安委員、収用委員などと兼職できない。例外して、監査委員と兼職できる。
④議員は、常勤の職員と兼職できない。
○常勤であれば、一般職、特別職を問わず、兼職できない。
○常勤であれば、臨時的職員とも、兼職できない。
○短時間勤務職員・隔日勤務職員は、常勤職員と同一の取扱いがなされる。
⑤議員は、普通地方公共団体の長、副知事及び副市町村長、裁判官と兼職することができない。
[兼業の禁止]
①議員は、当該団体と個人請負の場合には、兼業禁止に該当する。
○下請負(孫請け)は、請負禁止に含まれない。
○議員の配偶者や子弟が請負することは、兼業禁止に該当しない。
②議員は、当該団体と請負関係にある法人の役員となれない。
○法人の役員とは、主として同一の行為をする法人の無限責任社員、取締役、執行役、監査役又はこれに準ずる者、支配人及び清算人である。
○議員が兼業禁止に該当するか否かは・議会が決める。
○兼業禁止の違反でも、契約の効果には、影響を与えない。

〔参照条文:法92・92の2・287〕

40　議員の身分

【No.040】　議員の身分に関する記述として、妥当なのはどれか。

1　議員は、辞職する場合には、議会の開会中、議会の閉会中を問わず、議長の許可が必要とされている。
2　議員は、議案を議会に提出することができるが、議案の提出に当たっては3人以上の賛成が必要である。
3　議員は、議案の修正動議を発議することができるが、動議を議題とするときは議員定数の8分の1以上の発議によらなければならない。
4　議員は、給料、手当及び旅費を受けることができ、これらの額及び支給方法については、条例で定めるものとされている。
5　議員は、国会議員と異なり、不逮捕特権と発言及び表決についての免責特権が認められていない。

ポイント整理
(議員の資格) 職員の身分は、議員の選挙において当選の告示の日から発生する。選挙又は当選の効力に関する訴訟があっても、それが確定するまでは、議員の職を失わない。
(議員の辞職) 議員は、議会の許可を得て辞職できる。ただし閉会中は、「議長の許可」を得て辞職できる。
・「**開会中**」(休会中を含む) ……………「**議会**」の許可
・「**閉会中**」 ……………………………「**議長**」の許可
(失職) 議員は、次のような事由で身分を失う。
①任期の満了
②被選挙権の喪失
③兼職兼業職への就任
④住民による議員の解職請求、議会の解散請求の成立等
(議案提出権) 議員が議案を議会に提出するときは、議員定数の12分の1以上の賛成が必要である。
○議案の提出は、**文書**で行わなければならない。
○議会で議決すべき事件は、3つに分類できる。

【No.040 解説】
1　誤り。議員は、辞職する場合、「議会の開会中は議会の許可が必要であり」、閉会中は議長の許可が必要とされている。
2　誤り。議員は、議案の提出に当たっては「議員定数の12分の1以上」の賛成が必要である。
3　誤り。議員は、議案の修正動議を議題とするときは議員定数の「12分の1以上」の発議によらなければならない。
4　誤り。給料、手当及び旅費は、一般職員に対する支給である。議員は、「報酬、期末手当及び費用弁償」で、これらの額及び支給方法については、条例で定めるものとされている。
5　正解。

①地方公共団体の**団体意思を決定**するもの …………**「長・議員・委員会」**
②議会として**機関意思を決定**するもの…………………**「議員・委員会のみ」**
③長の**権限事務を執行する前提**として議会の議決を要するもの…**「長のみ」**
　が提出できる。
○議員の修正の動議は、議員定数の「**12分の1**以上」の発議による。
(**議事への参与**) 議員は、自己等の一身上に関する事件や利害関係のある事件については、その議事に参与することができない。ただし議会の同意がある場合には、議会に出席し、発言することができる。
(**除斥**) 議長及び議員は、自己若しくは一定の範囲の親族の一身上に関する事件等の議事には、参与できない。ただし議会の同意があったときは、会議に出席し発言をすることができる。しかし採決には加われない。
(**議員活動**) 議員は、国会議員と異なり、不逮捕特権や発言・表決の免責特権が認められていない。
(**議員報酬等**) 議員は、報酬、費用弁償及び期末手当を受けることができる。その額及び支給方法は条例で定められる。議員は特別職であるから地方公務員法の規定は適用されない。

〔参照条文：法127・126・112・115の3・117・203〕

41 議長・副議長

【No.041】 議長・副議長の記述として、妥当なのはどれか。

1 議会には、議長及び副議長を1人置かなければならず、選出に当たって議長は選挙となるが、副議長は議長の指名推選による。
2 議長及び副議長の任期は、議員の任期中である。したがって、議長及び副議長が議員の任期の途中で選任されたときは残任期間となる。
3 議長及び副議長は、開会中において議会の許可を得て辞職することができるが、いずれも閉会中に辞職することはできない。
4 議長及び副議長は、ともに常任委員会に所属しなければならず、ともに所属委員会に出席し発言できるが、議決には加われない。
5 副議長は、議長が在職しているが議長に事故あるときに限り、議長の職務を行うことができるが、議長が欠けたときは議長選出のみの職務を行える。

ポイント整理

（**選任**）議会は、議員の中から、議長1人、副議長1人を「選挙」しなければならない。
○議長は、1人が当然であるが、副議長を複数置くことも考えられるので、自治法では、いずれも1人としている。
○一般選挙後の議長及び副議長の選挙は、他のすべての案件に先行して行う必要がある。この場合、年長議員が議長選出の職務を行う。
（**任期**）議長及び副議長の任期は、議員の任期中である。したがって、議長及び副議長の任期を1年とするなどを、議会の会議規則で定めることはできない。
（**委員会所属**）議長及び副議長は、ともに常任委員会に所属しなければならない。ただし議長に限っては、常任委員になった後で、その常任委員を辞退することができる。
○議長は、いずれの常任委員会に出席し、発言できるが、所管委員会以外では議決には加われない。
（**辞職**）議長及び副議長は、「議会の許可」を得て辞職することができる。ただし副議長は、議会の閉会中に、議長の許可を得て辞職することがで

【No.041 解説】
1　誤り。議会には、議長及び副議長の選出に当たっては、議長「及び副議長ともに」選挙となる。
2　正解。
3　誤り。議長及び副議長は、開会中においては議会の許可を得て辞職することができる。ただし「副議長は、議会の閉会中に、議長の許可を得て辞職することができる」。
4　誤り。議長及び副議長は、ともに常任委員会に所属しなければならず、ともに所属委員会に出席して発言でき、「議決に加われる」。なお議長は他の委員会にも出席でき発言ができるが、議決には加われない。
5　誤り。副議長は、「議長に事故あるとき又は議長が欠けたとき」に限り、議長の全職務を行う。

きる。
（**権限**）議長は、①議場の秩序を保持し、②議事を整理し、③議会の事務を統理し、④議会を代表する権限などを有している。
○議長は、過半数議決の場合には「裁決権」を、特別多数議決の場合には「表決権」を有する。
○議長は、議場を整理することが困難なときは、会議の議決によらないで、その日の会議を閉じることができる。
（**議会の招集**）議長は、議会運営委員会の議決を経て、臨時会の招集を地方公共団体の長に請求することができる。
○議長の臨時会の請求があった日から20日以内に長が臨時会を招集しないときは、議長が臨時会を招集することができる。
（**被告とする訴訟**）議会を被告とする訴訟は、形式的に地方公共団体が被告となるが、この場合、議長が当該地方公共団体を代表する。
●**副議長**
○副議長は、議長に事故あるとき、又は議長が欠けたときに限り、議長の職務を行う。

〔参照条文：法103・104・105・105の2・106・108・101〕

42　議会の権限

【No.042】　議会の権限の記述として、妥当なのはどれか。

1　議会の議決権は、自治法に定める15項目として制限列挙されているので、条例で議決権を拡大することはできない。
2　議会は、法律又はこれに基づく政令により、自らの権限に属する選挙を行わなければならず、指名推選の方法は認められていない。
3　議会は、地方公共団体のすべての事務について検査し、また実地検査については監査委員に求めることができる。
4　議会は、原則として当該地方公共団体の事務全般にわたり調査権を発動できる。その対象となる事務は検査権と同様である。
5　議会は、当該地方公共団体に関する事件であれば、意見書を国会又は内閣総理大臣などの関係行政庁に提出できる。

ポイント整理
○議会は、地方公共団体の議事機関であり、地方公共団体の主要な事項の「意思決定機関」である。
○主な権限は右図のとおりである。

【No.042 解説】
1 誤り。議会の議決権は、自治法に定める15項目として制限列挙されているが、条例で議決権を「拡大することもできる」(法96条2項)。
2 誤り。議会は、法律又はこれに基づく政令により、自らの権限に属する選挙を行わなければならないが、議員中に異議がなければ「指名推選の方法も認められる」。
3 誤り。議会は、地方公共団体の事務について検査し、また実地検査については監査委員に求めることができるが、「すべての事務ではない」。自治事務については労働委員会及び収用委員会の権限事務、法定受託事務については労働委員会及び収用委員会の権限事務のほか、国の安全又は個人の秘密に関する事務は除かれる。
4 正解。
5 誤り。議会は、当該地方公共団体の「公益」に関する事件であれば、意見書を国会又は内閣総理大臣などの関係行政庁に提出できる。

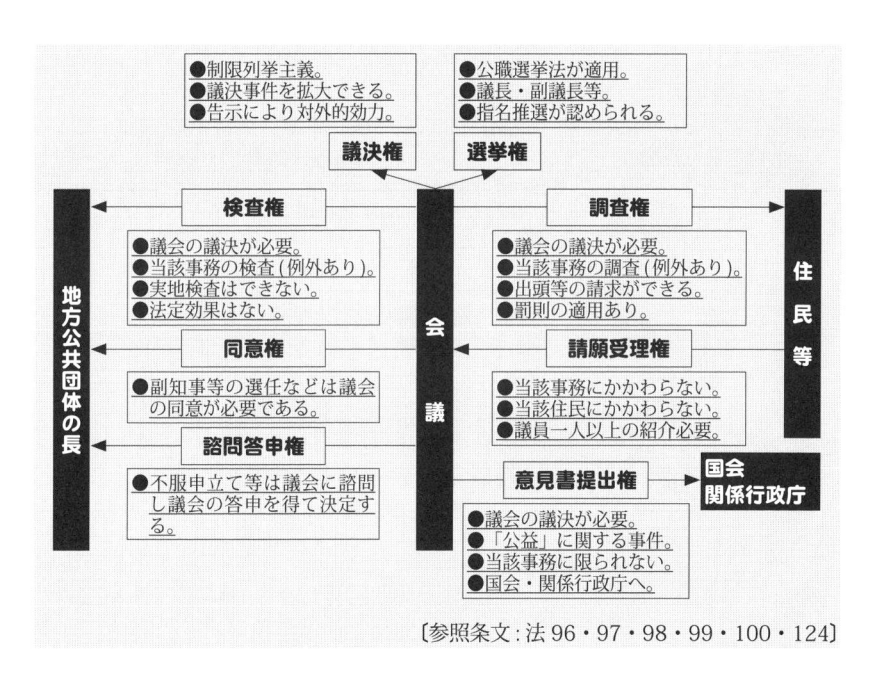

```
●制限列挙主義。                    ●公職選挙法が適用。
●議決事件を拡大できる。            ●議長・副議長等。
●告示により対外的効力。            ●指名推選が認められる。
                議決権    選挙権

       検査権                     調査権
●議会の議決が必要。                ●議会の議決が必要。
●当該事務の検査(例外あり)。        ●当該事務の調査(例外あり)。
●実地検査はできない。              ●出頭等の請求ができる。
●法定効果はない。        会       ●罰則の適用あり。

       同意権        議           請願受理権
●副知事等の選任などは議会         ●当該事務にかかわらない。
の同意が必要である。              ●当該住民にかかわらない。
                                ●議員一人以上の紹介必要。
       諮問答申権
●不服申立て等は議会に諮問         意見書提出権      国会
し議会の答申を得て決定す                          関係行政庁
る。                             ●議会の議決が必要。
                                ●「公益」に関する事件。
                                ●当該事務に限られない。
                                ●国会・関係行政庁へ。
```

〔参照条文:法96・97・98・99・100・124〕

43　議会の議決権

【No.043】　議会の議決権の記述として、妥当なのはどれか。

1　議決権は、普通地方公共団体が訴えを提起する場合に及ぶが、普通地方公共団体が被告となり応訴する場合には及ばない。
2　議決権は、制限列挙されているが、自治事務に限っては、条例で議決事項を拡大することができる。
3　議決権は、予算について増額又は減額してこれを議決する場合に及ぶが、この場合、長の予算の提出の権限を侵すような修正はできない。
4　議決権は、条例で定める契約の締結にまで及ぶが、その種類及び金額は政令で定める基準があるので、議会は条例で政令と異なる基準を設けられない。
5　議決権は、議会の内部的な意思表示にとどまるものではなく、長の表示の有無にかかわらず、議決と同時に対外的効力が発生する。

ポイント整理
○議決権には、当該地方公共団体の意思を決定する「**団体意思決定**」と、機関としての議会の意思を決定する「**機関意思決定**」とがある。
○議決権は、自治法第96条に「**制限列挙**」されているものに限られる。したがって、議会は、地方公共団体に関する一切の事項について議決することができるわけではない。
○議決権は、自治法で定める15項目とされているが、自治事務及び法定受託事務にかかわらず、**条例で議決事項を拡大すること**ができる。
○条例の議決権は、原則として、「過半数」で足りるが、事務所の設置条例に限り、出席議員の3分の2以上の賛成が必要である。
○議会は、団体意思の決定機関であるにとどまり、当該団体の外部に意思表示することは、長その他の執行機関の権限に属する。また、執行機関の**表示（告示）によって、初めて、対外的な拘束力を生じる。**
●自治法で定める15の議決事項は、次のとおりである。

1	【条例の制定改廃】
2	【予算を定めること】 ○予算の発案権は長に専属し、議会は増減修正ができるが、増の場合は長の発案権の侵害となる修正ができない。

【No.043 解説】
1 正解。
2 誤り。議決権は、制限列挙されているが、自治事務「のみならず法定受託事務も」、条例で議決事項を拡大することができる。
3 誤り。議決権は、減額の場合には制限がない。
4 誤り。政令はあくまで基準なので、議会は、条例で「政令と異なる基準を設けることができる」。
5 誤り。議決権は、議会の内部的な意思表示にとどまり、「議決の対外的効力は、長の公布行為によって発生」する。議決と同時に対外的効力は「発生しない」。

3	**【決算の認定】** ○議会が認定しない場合でも、特段に法的効果は生じない。ただ道義的責任は残る。
4	**【地方税の賦課徴収又は分担金、使用料、加入金若しくは手数料の徴収】** ○法律又は政令で定めるものを除き、地方税等の賦課徴収等に関して議決を要する。
5	**【条例で定める契約の締結】** ○議決は政令で定める基準に従い「条例」で定める契約を締結する場合である。 ○議会は契約議案を否決できるが、修正はできない。
6	**【財産の交換、出資、支払手段としての使用及び適正な対価を得ないでする財産の譲渡、貸付】**
7	**【財産の信託】**
8	**【条例で定める財産の取得又は処分】**
9	**【負担付きの寄附又は贈与】**
10	【権利の放棄】 ○権利を放棄するときは、法令又は条例に定めがある場合を除き、議会の議決が必要である。
11	【条例で定める重要な公の施設についての長期かつ独占的な利用】 ○条例で定める重要な公の施設のみ、議会の個別的な議決が必要である。
12	【審査請求その他の不服申立て、訴えの提起、和解、斡旋等】 ○地方公共団体が被告となって「応訴」する場合は議会の議決は不要である。
13	【損害賠償の額の決定】
14	【区域内の公共的団体等の活動の総合調整】
15	**【その他法律、政令による議決権限事項】**

○議決権は、自治法第96条に規定するもののほか、区市町村の廃置分合及び境界変更、議会の会議規則の制定などが議決事件として個別に定められている。

〔参照条文:法96〕

44　議会の選挙権

【No.044】　議会の選挙権の記述として、妥当なのはどれか。

1　議会は、議長及び副議長の選挙を行う権限を有し、その選挙の方法は指名推選の方法を用いることはできず、単記無記名投票による。
2　選挙権とは、議会が法令に基づき、自らの権限に属する選挙を行う権限をいい、議会の選挙には公職選挙法が適用されない。
3　議会が行う選挙には、議長、副議長、選挙管理委員などの選挙があるが、議会の仮議長や臨時議長は選挙によらない。
4　議会が行う選挙としては、選挙管理委員の選挙があるが、選挙管理委員が欠ける場合に補充される補充員は議会の選挙によらない。
5　議会の選挙は、議会活動の中心的な役割を担う議長、副議長の選挙に及ぶが、常任委員会の委員長及び副委員長は、議会の選挙権による選出ではない。

【No.044 解説】
1　誤り。議会は、単記無記名投票の例外として議員中に異議がないときは「指名推選の方法を用いることができる」。
2　誤り。議会の選挙には公職選挙法が「適用される」。
3　誤り。議会が行う選挙には、議長、副議長、選挙管理委員などの選挙があるほか、議会の「仮議長も選挙による」。だが臨時議長は選挙によらず、年長議員が務める。
4　誤り。選挙管理委員が欠ける場合に補充される補充員も「議会の選挙による」。
5　正解。

ポイント整理

○選挙権とは、議会が法令に基づき、自らの権限に属する選挙を行うことをいう。

○議会が行う選挙には、「議長、副議長、仮議長、選挙管理委員会委員」などの選挙がある。

- **議長・副議長**……………それぞれ1人を選挙する。
- **仮議長**…………………正副議長に「事故あるとき」に仮議長が議長の職務を行うが、この場合、議会が仮議長1人を選挙する。
- **選挙管理委員**…………長等の選挙権を有する者の中から4人を選挙する。補充員も議会の選挙による。

○議会の選挙は、原則として「**公職選挙法が適用**」され、「単記無記名投票」によることと定められているが、例外として議員中に異議がないときは、「指名推選」が認められる。

〔参照条文：法97・103・106・118・181〕

45　議会の検査権

【No.045】　議会の検査権の記述として、妥当なのはどれか。

1　議会は、当該地方公共団体の事務全般にわたり、事務の管理、議決の執行及び出納について検査することができる検査権を有している。
2　議会の検査権は、議会の権限であることから、議会の議決を必要とせず、その実施方法は議員全員の場合もあれば、委員会に委任して行う場合もある。
3　議会は、当該団体の事務に関する書類及び計算書を検閲し、長その他の執行機関の報告を請求して、事務の管理、議決の執行及び出納を検査できる。
4　議会の検査権の発動により、議会は、書類の検閲、報告の請求の2つの方法に限らず、必要があれば実施検査を行うこともできる。
5　議会が行った検査権の結果によって、直接的な法的効果が生じるので、適正な執行の是正が求められることになる。

【No.045 解説】
1 　誤り。議会は、当該地方公共団体の事務のうち、「自治事務については労働委員会及び収用委員会の権限事務、法定受託事務については労働委員会及び収用委員会の権限事務のほか国の安全又は個人の秘密に関する事務を除き」、事務の管理、議決の執行及び出納について検査することができる検査権を有している。
2 　誤り。議会の検査権は、議会の権限であるが、その発動には「議会の議決を必要とする」。
3 　正解。
4 　誤り。議会の検査権の発動により、議会は、書類の検閲、報告の請求の2つの方法で行うことになる。しかし議会の「実施検査は認められておらず」、実地検査が必要なときは監査委員に対し検査を求めることになる。
5 　誤り。議会が行った検査権の結果によって、直接的な「法的効果は生じない」が、適正な執行の是正が求められることになる。

ポイント整理
○検査権とは、当該地方公共団体の事務の管理、執行及び出納などが、議会の議決権に基づき行われるが、議会をしてその執行を監視し事務処理の適正化を期する手段をいう。
○検査権は、議会の権限ではあるが、**「議会の議決を必要とする」**。
○議会は、当該地方公共団体の事務に関し書類及び計算書を検閲し、長その他の執行機関の報告を請求して、事務の管理、議決の執行及び出納を検査することができる。ただし**「実地検査」**の権限は**なく**、実地検査が必要なときは、監査委員をしてなさしめる。
○検査権は、自治事務や法定受託事務に関して、①書類の検閲、②報告の請求の2つの方法による。
○検査権は、自治事務に関しては労働委員会や収用委員会の権限事務が、法定受託事務は労働委員会や収用委員会の権限事務のほか、国の安全、個人の秘密に関する事務が除かれる。
○検査権に対して、長その他の執行機関は、正当の理由がない限り拒むことができないが、調査権とは異なり、罰則の適用はない。
○検査権の結果によって、**直接的な法的効果は生じない**。

〔参照条文：法98〕

46　議会の意見書提出権

【No.046】　議会の意見書提出権の記述として、妥当なのはどれか。

1　議会の意見書については、意見書の提出を受けた関係行政庁は受理するかどうかの選択権を有するとされている。
2　議会の意見書については、当該地方公共団体の公益に関する事件であるかによる。公益がある事件に限り意見書を国会又は関係行政機関に提出できる。
3　議会の意見書については、当該地方公共団体の意思とされ、当該地方公共団体の長の名で関係行政庁に提出される。
4　議会の意見書については、当該地方公共団体の機関にも提出できるが、法定受託事務で国に権限があるものは、当該地方公共団体の長に提出できない。
5　議会の意見書については、関係行政庁に対し提出でき、これを受けた関係行政庁は、意見書の内容に法的に拘束される。

【No.046 解説】

1 誤り。議会の意見書については、意見書の提出を受けた関係行政庁は「受理するものとされている」。
2 正解。
3 誤り。議会の意見書については、当該地方公共団体の「議会の意思」とされ、当該地方公共団体の「議会の議長」の名で関係行政庁に提出される。
4 誤り。議会の意見書については、当該地方公共団体の機関にも提出できる。法定受託事務で国に権限があるものであっても、当該地方公共団体の長に「提出できる」。
5 誤り。議会の意見書の提出を受けた関係行政庁は、意見書の内容に「法的に拘束されない」。

ポイント整理

○議会は、当該地方公共団体の「**公益**」に関する事件につき、意見書を「**国会（衆議院議長・参議院議長）、又は関係行政機関**」に提出できる。ただし裁判所に提出することはできない。
○意見書は、当該地方公共団体の事務に限られない。
○関係行政機関には、当該地方公共団体の機関や、他の地方公共団体の機関も含まれる。
○意見書提出権は、機関である議会自身の権限であるから、その議決は機関意思決定としての議決である。その発案権は議員及び委員会にある。
○意見書を提出する際の差出者としての名義は、議会を代表する「議長の名義」による。
○意見書は、関係機関に「受理義務」があるが、「回答義務はない」。また意見書の内容に法的に拘束されない。尊重するにとどまる。

〔参照条文：法99〕

47 議会の調査権

【No.047】 議会の調査権の記述として、妥当なのはどれか。

1 議会は、調査権による調査のため、当該地方公共団体の長及び執行機関に限って、照会又は記録の送付を求めることができる。
2 議会は、調査権による調査のため、自治事務について調査することができるが、法定受託事務については、一切の調査をすることができない。
3 議会は、調査権による調査のため、直接外部と交渉できる権限が付与されているので、改めて議会の議決を必要としない。
4 議会は、調査権による調査のため、特に必要があると認める場合に限って、選挙人等の出頭及び証言並びに記録の提出を請求できる。
5 議会は、調査権による調査のため、関係人の出頭及び証言を請求できるが、関係人が正当な理由なくこれを拒んだ場合でも、罰則を科せない。

【No.047 解説】
1　誤り。議会は、調査権による調査のため、当該地方公共団体の長及び執行機関に「限らず」、区域内の団体などに対しても、照会又は記録の送付を求めることができる。
2　誤り。議会は、調査権による調査のため、原則として自治事務のみならず「法定受託事務についても調査をすることができる」。
3　誤り。議会は、調査権による調査のため、直接外部と交渉できる権限が付与されているが、この調査権を発動するためには、「議会の議決が必要である」。
4　正解。
5　誤り。議会は、調査権による調査のため、関係人の出頭及び証言を請求でき、関係人が正当な理由なくこれを拒んだ場合には「罰則を科すことができる」。

ポイント整理
○調査権は、議会が直接外部と交渉して、自らの手で調査するもので、長及び執行機関に限らず、区域内の団体等に対しても行うことができる。いわゆる「**100条調査権**」をいう。
○調査権は、議会に与えられた権限であるが、改めて議会の議決が必要である。
○調査権は、現に議題となっている事項や将来課題となる事項に限られず、世論の焦点となっている事件の事情を明らかにするための政治調査も対象となる。
○調査権は、当該地方公共団体の事務である。したがって、法定受託事務も含まれる。ただし自治事務に関しては労働委員会や収用委員会の権限事務、法定受託事務は、労働委員会や収用委員会の権限事務のほか、国の安全、個人の秘密に関する事務が除かれる。
○調査権は、「特に必要があると認められるとき」は、選挙人その他の関係人に対して、「**出頭の請求**」「**証言の請求**」「**資料提出の請求**」を行うことができる。
○調査を求める相手方は、当該地方公共団体の**住民に限られない**。
○調査権は、請求を受けた者が「**正当な理由なく**」請求を拒むときは、「**罰則**」が科せられる。

〔参照条文：法100〕

48 議会の請願受理権

【No.048】 議会の請願受理権の記述として、妥当なのはどれか。

1 請願者は、当該地方公共団体の住民に限られない。
2 請願者は、請願法に基づき議会に請願書を提出できる。
3 請願内容は、当該地方公共団体の事務に限られる。
4 請願者は、複数議員の紹介により議会に請願できる。
5 請願書は、採択されても、議会は処理結果の報告を求められない。

【No.048 解説】
1　正解。
2　誤り。請願者は、「自治法」に基づき議会に請願書を提出できる。
3　誤り。請願内容は、当該地方公共団体の事務に「限られない」。
4　誤り。請願者は、「議員一人以上」の紹介により議会に請願できる。
5　誤り。請願書は、採択されれば、議会は処理結果の「報告を求めることができる」。

ポイント整理
○請願受理権とは、議会が住民との関係において、要件を充たした請願を受理し、対外的交渉をもつことができる権限をいう。
○請願は、議員一人以上の「紹介」により提出できる。
○請願は、当該地方公共団体の事務に関すると否とを問わない。
○請願は、当該地方公共団体の住民であると否とを問わない。また選挙権の有無を問わない。
○行政委員会が一機関として、議会に請願を提出することはできない。
○請願は、議会で採択されれば、執行機関はその趣旨を尊重しなければならないが、執行機関はその採択内容に拘束されるものではない。
○議会が請願を採択したときは、関係機関に送付し、送付した機関に対し「処理状況」を請求できる。

〔参照条文：法124・125〕

49　定例会と臨時会

【No.049】　定例会と臨時会の記述として、妥当なのはどれか。

1　議会には、定例会と臨時会があり、定例会は4回招集すべきことが法定されており、条例で独自に回数を定めることはできない。
2　定例会は、毎年度において、条例で定める回数が招集される議会であり、定例会ではすべての事件が取り上げられる。
3　臨時会は、議員定数の4分の1以上の連署による請求の場合と、議長が議会運営委員会の議決を経て請求される場合の2つの場合に限られる。
4　臨時会は、必要がある場合において招集される議会であり、必要性があれば告示された案件にかかわらず自由に審議される。
5　定例会は、付議案件の有無にかかわらず、招集時期は長に専属する招集権に基づき、定例的に招集される議会である。

ポイント整理

招集 ─────────────────────────── 会期
会期：議会が決める。
開閉：議長が決める。例外：議員に開閉請求権あり。

告知は長が行う

- ●招集権は「長」
- ●招集請求権は
  - ①議員
  - ②議長
- ○例外・議長招集
- ●招集告示必要
  - ①都・区市7日
  - ②町村3日前

	回数	付議案件	告示
定例会	条例で定める回数	案件有無にかかわらず	必要
臨時会	①長の判断による招集 ②議員の請求による招集 ③議長の請求による招集 ②と③は、20日以内に招集	案件有る事項に限る（例外あり）	必要
通年議会	条例により定例会・臨時会の区分を設けず通年会期とする議会		

●定例会
○定例会は、「毎年」、「条例で定める回数」を招集する議会をいう。
○定例会は、付議案件の有無にかかわらず招集される。定例会では、すべ

【No.049 解説】
1　誤り。議会には、定例会と臨時会があり、定例会は、毎年、「条例で定める回数」を招集すべきことが法定されており、「4回の回数制限はない」。
2　誤り。定例会は、「毎年」であり「毎年度ではない」。
3　誤り。臨時会は、議員定数の4分の1以上の連署による請求の場合と、議長が議会運営委員会の議決を経て請求される場合と、「長が必要あるときに招集する場合」の「3つ」の場合に限られる。
4　誤り。臨時会は、「告示された特定の付議事件に限り」審議される。ただし告示事件以外でも、「緊急を要する事件があるとき」に限り、審議の対象とすることができる。
5　正解。

ての事件が取り上げられる。
●**臨時会**
○臨時会は、長が必要あるときに告示された特定の案件を処理する場合、及び議員、議長からの招集の請求に基づいて招集される議会をいう。
○臨時会の開催回数については、制限がない。
○**議員の請求**による臨時会は、「議員定数の4分の1以上」の連署により、地方公共団体の長に行わなければならない。
○**議長の請求**による臨時会は、「議長が、議会運営委員会の議決を経て」、地方公共団体の長に行わなければならない。
「**臨時会の招集の例外**」
○長は、議員又は議長から臨時会の請求があるときは、「20日以内に議会を招集」しなければならないが、次の場合は「議長」に臨時会の招集権がある。
・議員の請求による場合…20日以内に長が臨時会を招集しないとき。
・議長の請求による場合…20日以内に長が臨時会を招集しないとき。
○臨時会は、告示された特定の案件を処理するために招集される。ただし、臨時会であっても、「緊急を要する事件」は直ちに付議することができる。

〔参照条文：法101・102〕

50　通年議会

【No.050】　通年議会の記述として、妥当なのはどれか。

1　通年議会は、条例により、定例会・臨時会の区分を設けて、通年の会期とすることができる議会である。
2　通年議会は、通年の会期を選択した議会であり、当該地方公共団体の長は、会議を開く定例日を条例で定めなければならない。
3　通年議会は、通年の会期を選択した議会であり、条例で定める日の到来をもって、当該地方公共団体の長が招集したものとみなされる。
4　通年議会は、条例で設置されるが、通年議会を選択したときは、長等の議場への出席義務は、定例日又は議案の審議に限定されない。
5　通年議会は、定例日を定める議会であり、長の求めに応じて定例日以外に会議を開くときは、議長は長の求める日に会議を開かなければならない。

ポイント整理
○通年議会とは、条例で定めるところにより、定例会及び臨時会とせず、毎年、条例で定める日から翌年の当該日の前日までを会期とする議会である。
○通年の会期を選択した場合は、議会は、会議を開く「定例日」を条例で定めなければならない。条例で定める日の到来をもって、長が招集したものとみなされる。
○通年の会期の議会は、一般選挙後30日以内に長が議会を招集するほか、招集行為は行われない。
○通年の会期の議会における長等の議場への出席義務については、定例日又は議案の審議に限定される。
○通年の会期とする議会において、長等が議場に出席できない正当な理由

【No.050 解説】
1　誤り。通年議会は、条例により、定例会・臨時会の区分を「設けずに」、通年の会期とすることができる議会である（102条の2）。
2　誤り。通年議会は、通年の会期を選択した議会であり、当該地方公共団体の「議会」は、会議を開く定例日を条例で定めなければならない。
3　正解。
4　誤り。通年議会は、条例で設置されるが、通年議会を選択したときでも、長等の議場への出席義務は、定例日又は議案の審議に「限定される」。
5　誤り。通年議会は、定例日を定める議会であり、長の求めに応じて定例日以外に会議を開くときは、議長は、「都道府県及び区市は7日以内、町村は3日以内に」会議を開かなければならない（102条の2第7項）。

がある場合に、議長に届け出たときは出席義務が解除される。
○通年の会期における議会において、長等に議場への出席を求めるに当たっては、執行機関の事務に支障を及ぼさないように配慮することとされている。
○長は、議長に対し会議に付議すべき事件を示して、定例日以外の日において会議を開くことを請求することができる。この場合において、議長は、当該請求のあった日から都道府県及び区市にあっては7日以内、町村にあっては3日以内に会議を開かなければならない。

〔参照条文：法102の2〕

51 議会の招集

【No.051】 議会の招集の記述として、妥当なのはどれか。

1 議会の招集は、議員を一定の日時に一定の場所へ集合することを要求する行為であり、この招集行為は長に専属しており、例外は認められていない。
2 定例会には、招集のための告示行為が必要であるが、臨時会や通年議会においては招集の告示行為を必要としない。
3 議会の招集行為は長に専属するが、例外として長が議長又は議員の臨時会の招集請求に応じないときは、議長が招集権を発動できる。
4 定例会及び臨時会の招集は、都道府県及び区市にあっては開会の日前7日までに必ず告示しなければ無効となる。
5 議員又は議長から臨時会の招集請求があるときは、長は、請求のあった日から10日以内に会議を招集しなければならない義務を負う。

【No.051 解説】
1 誤り。議会の招集行為は長に専属しているが、「例外とし議長が長に対し臨時会の招集を請求したにもかかわらず 20 日以内に行われないときは、議長に招集権が認められる」。
2 誤り。定例会「及び臨時会」には、招集のための告示行為が必要であるが、通年議会においては、原則として招集の告示行為を必要としない。
3 正解。
4 誤り。定例会及び臨時会の招集は、「緊急を有する場合を除き」、都道府県及び区市にあっては開会の日前 7 日までに、告示しなければならない。緊急を要するときは「一定の期日を必要としない」が、短くても告示行為は行う必要がある。
5 誤り。議員又は議長から臨時会の招集請求があるときは、長は、請求のあった日から「20 日以内」に議会を招集しなければならない義務を負う。

ポイント整理
○定例会及び臨時会は、招集によって活動を開始する。
○招集は、議員を一定の日時に一定の場所へ集合することを要求する行為であり、この招集行為は長に専属している。
○議員又は議長から臨時会の招集請求があるときは、長は、請求のあった日から「20 日以内」に議会を招集しなければならない。
○招集行為の例外として、「議長」又は「議員」が、長に対し臨時会の招集を請求したにもかかわらず 20 日以内に行われないときは、議長に招集権が認められる。
○招集は、長の告示によって行われ、告示の方法は、役所その他の一定の場所に掲示、一定の公報に登載して行われる。個々の議員に対しては特別な告示の義務を負うものではない。
○招集の告示は、「急施を要する場合を除き」、開会の日前、「都道府県及び区市にあっては 7 日前」までに、「町村にあっては 3 日前」までに告示しなければならない。
○招集の告示は、長が行うが、告示の中に付議事項も含めるか否かでは、定例会のときには付議事項の告示を必要としないが、臨時会のときは、付議事項の告示が必要である。

〔参照条文：法 101・102〕

52　議会の委員会制度

【No.052】　議会の委員会制度の記述として、妥当なのはどれか。

1　議会は、本会議を中心に運営されるべきであるが、地方行政の複雑化、専門化に伴い審議の効率化等を図るため、議会に委員会を設置する義務がある。
2　議会の委員会は、法律に基づき設置されるが、委員会には、常任委員会、議会運営委員会及び特別委員会の3種類がある。
3　議会の委員会においては、議会の議決があれば、予算その他の重要な議案等について公聴会を開き、利害関係人などから意見を聴くことができる。
4　議会の委員会は、議会の議決により付議された特定の事件については、議会の閉会中にも、なお継続して審査することができる。
5　議会の委員会は、議会の議決すべき条例や予算などの事件のうち、委員会に属する事件につき、議会に議案及び予算を提出することができる。

ポイント整理
○委員会には、「常任委員会」、「特別委員会」、「議会運営委員会」の3つがある。

	常任委員会	特別委員会	議会運営委員会
設置	いずれも議会の条例で設置できる。設置は任意。		
設置数	いずれも設置数には、制限規定がない。		
選任等	いずれも議会の条例で定める。		
公聴会	いずれも公聴会を開催できる。		
参考人	いずれも参考人の出頭を求めることができる。		
活動	いずれも議会の議決があれば閉会中も活動できる。		

●委員会の共通事項
○いずれの委員会も、「**条例で設置**」される任意設置である。
○いずれの委員会も、議会の内部機関として構成され、その機能は、「予備審査的」な性格をもつ。

【No.052 解説】
1　誤り。議会は、議会に委員会を「設置することができる任意設置」である。
2　誤り。議会の委員会は、法律ではなく「条例」に基づき設置される。
3　誤り。議会の委員会においては、予算その他の重要な議案等について公聴会を開き、利害関係人などから意見を聴くことができる。「公聴会の開催は委員会の権限であり、議会の議決を必要としない」。
4　正解。
5　誤り。議会の委員会は、議会の議決すべき条例や予算など事件のうち、委員会に属する事件「（予算を除く）」につき、議会に議案を提出することができる。

○いずれの委員会も、議会の議決すべき事件のうちその部門に属する当該団体の事務につき、議会に議案を提出することができる。ただし予算の提出はできない。
○委員会による議案の提出は、文章をもつてしなければならない。
○いずれの委員会も、「**設置数、委員の選任その他委員会に必要な事項**」は「**条例**」で定められる。
○いずれの委員会も、自治法で規定する定足数、過半数議決、修正の動議、議会の公開などの規定が適用されず、議会の委員会条例に基づくこととされている。
○いずれの委員会も、予算その他重要な議案、陳情等について「**公聴会**」を開き、真に利害関係を有する者又は学識経験者等から意見を聴くことができる。
○いずれの委員会も、必要があるときは、「**参考人**」の出頭を求め、その意見を聴くことができる。
○公聴会や参考人の制度は、委員会に与えられた権限であり、議会の議決を必要としない。
○いずれの委員会も、「**議会の議決がある場合に限り**」、閉会中も活動できる。

〔参照条文：法109〕

53　常任委員会

【No.053】　常任委員会の記述として、妥当なのはどれか。

1　常任委員会は、条例によって設置されるが、設置数については、当該地方自治体の人口区分に応じて、上限数が定められている。
2　常任委員会は、条例で設置され、常任委員会を構成する委員の数も条例で定められるが、議員は、いずれかの常任委員会に所属しなければならない。
3　常任委員会の委員の選任方法、在任期間などの必要な事項は、条例で定めることとされている。
4　常任委員会は、議会の開会中に活動できるが、常任委員会の議決がある場合に限り、閉会中も活動することができる。
5　常任委員会は、事務に関する部門ごとに縦割り方式で設置するのが通例であり、予算や条例というように横割り方式で設置することはできない。

【No.053 解説】
1　誤り。常任委員会は、条例によって設置されるが、設置数については、「制限規定はなく」、条例で自由に定められる。
2　誤り。常任委員会を構成する委員の数や「いずれかの常任委員会に所属するかも条例事項」であり、いずれかの「常任委員会に所属しなければならないわけではない」。
3　正解。
4　誤り。常任委員会は、「議会の議決（本会議の議決）」がある場合に限り、閉会中も活動することができる。
5　誤り。常任委員会は、事務に関する部門ごとに縦割り方式で設置するのが通例であるが、予算や条例というように「横割り方式で設置することもできる」。

ポイント整理
○常任委員会

	常任委員会
設置	●議会の条例で設置できる。設置は任意。
設置数	●設置数には、制限規定がない。
選任等	●議会の条例で定める。
公聴会	●公聴会を開催できる。
参考人	●参考人の出頭を求めることができる。
活動	●議会の議決があれば閉会中も活動できる。

○常任委員会に関する事項は、議会の委員会制度の共通事項を参照されたい。
○常任委員会の設置は、執行部局に対応する「縦割り方式」でも、事業ごとの「横割り方式」でもかまわない。
○常任委員会は、その部門に属する当該地方公共団体の事務に関する調査を行い、議案、請願等を審査する。

〔参照条文：法109〕

54 議会運営委員会

【No.054】 議会運営委員会の記述として、妥当なのはどれか。

1 議会運営委員会は、議会の円滑な運営を図るために設置される委員会であり、都道府県においては義務設置とされている。
2 議会運営委員会は、条例で設置され、その委員は議会において選任され、議員の任期中在任する。
3 議会運営委員会は、議会の運営又は議長の諮問に関する事項について調査を行うことができるが、議案、陳情などを審査することはできない。
4 議会運営委員会は、常任委員会や特別委員会と異なり、所管事項が議会運営事項、会議規則や委員会条例の事項、議長の諮問事項の3点に限られている。
5 議会運営委員会は、当委員会の性質上、当委員会に付議された特定の事件については、特段の手続なしに閉会中も審査・調査することができる。

【No.054 解説】
1 誤り。議会運営委員会は、都道府県のみならず区市町村においても「任意」設置の委員会である。
2 誤り。議会運営委員会は、条例で設置されるが、「その委員の選任や在任期間などについては条例事項」とされている。
3 誤り。議会運営委員会は、議会の運営又は議長の諮問に関する事項についての調査及び「議案、陳情などを審査することもできる」。
4 正解。
5 誤り。議会運営委員会は、他の委員会と同様に、「議会の議決を経て」、当委員会に付議された特定の事件については、閉会中も審査・調査することができる。

ポイント整理

	議会運営委員会
設置	●議会の条例で設置できる。設置は任意。
設置数	●設置数には制限規定がないが、1つを想定されている。
選任等	●議会の条例で定める。
公聴会	●公聴会を開催できる。
参考人	●参考人の出頭を求めることができる。
活動	●議会の議決があれば閉会中も活動できる。

○議会運営委員会は、議会における政党や会派間の調整をはかり、議会運営を円滑ならしめるために設けられる委員会である。
○議会運営委員会は、①議会の運営に関する事項、②議会の会議規則、委員会に関する条例等に関する事項、及び③議長の諮問に関する事項の「3つの事項」を取り扱い、議案・陳情等を審査する。

〔参照条文：法109〕

55 特別委員会

【No.055】 特別委員会の記述として、妥当なのはどれか。

1 特別委員会の委員は、議会において選任し、委員会に付議された事件が議会において審議されている間在任する。
2 特別委員会は、特別の個々の事件を審査するために設置されるものであり、複数の常任委員会にまたがる事件については審査することができない。
3 特別委員会は、議会の議決すべき事件のうちその部門に属する事務であっても、議会に議案を提出することはできない。
4 特別委員会は、関係人の出頭又は記録の提出を要求するなど必要な調査を行うことができるが、公聴会を開くことはできない。
5 特別委員会は、必要があるときに条例に基づく議会の議決で設けられ、原則として、会期中に限って議会の議決により付議された事件を審査する。

【No.055 解説】
1 誤り。特別委員会の委員の「選任方法や在任期間は、条例で定める」とされている。議会において選任し、委員会に付議された事件が議会において審議されている間在任する規定は「廃止されている」。
2 誤り。特別委員会は、特別の個々の事件を審査するために設置されるものであるが、複数の常任委員会にまたがる事件についても「審査することができる」。
3 誤り。特別委員会は、議会の議決すべき事件のうちその部門に属する事務につき、予算を除き、「議会に議案を提出することができる」。
4 誤り。特別委員会は、公聴会を開くことも「できる」。
5 正解。

ポイント整理

	特別委員会
設置	●議会の条例で設置できる。設置は任意。
設置数	●設置数には、制限規定がない。
選任等	●議会の条例で定める。
公聴会	●公聴会を開催できる。
参考人	●参考人の出頭を求めることができる。
活動	●議会の議決があれば閉会中も活動できる。

○特別委員会は、条例で設置される任意設置である。
○特別委員会は、特別の個々の事件を審査するために設けられるが、複数の常任委員会にまたがる事件についても、審査することができる。例えば、予算特別委員会や決算特別委員会がある。
○特別委員会は、議会の議決により付議された事件を審査する。

〔参照条文:法109〕

56　議会の会議原則

【No.056】　議会の会議原則の記述として、妥当なのはどれか。

1　定足数の原則とは、議会が会議を開くための議員定数の半数以上の出席者数をいい、この議員定数の半数以上には議会の代表者たる議長は含まれない。
2　過半数の原則とは、議会の議事は原則として出席議員の過半数で決するとする原則であり、この議決に議長も加わる権利を有する。
3　一事不再議の原則とは、議会で議決された同一の事項は同一会期中であるか否かを問わず、以後再び議案を提出することができないとする原則である。
4　会議公開の原則とは、議会の会議は公開されなければならないとする原則であり、この議会の会議は本会議をさし、委員会には適用されない。
5　会期不継続の原則とは、会期中に議決に至らなかった事件は会期の終了とともに消滅し後会に継続しないとする原則であり、この原則の例外はない。

ポイント整理
①定足数の原則
○定足数の原則とは、議会は、議員定数の半数以上の者が出席しなければ会議を開くことができないとする原則をいう。議長も議員定数に含まれる。
【例外】①議員の除斥のために半数に達しないとき。②同一事件につき再度招集してもなお半数に達しないとき。③招集に応じても出席議員が定数を欠き、議長において出席を催告してもなお半数に達しないとき。④議長の催告で一旦半数に達してもその後半数に達しなくなったとき。この４つの場合は、議員定数の半数以下でも会議を開くことができる。
○定足数は、会議を継続する要件である。
②会議公開の原則
○会議公開の原則とは、議会の会議は公開されなければならないとする原則をいい、この原則は、傍聴の自由、報道の自由及び会議録の公開をさす。
○会議が公開になじまないときは、議長又は議員３人が発議し、出席議員

【No.056 解説】
1 誤り。定足数の原則の議員定数の半数以上には議会の代表者たる「議長も含まれる」。
2 誤り。過半数の原則とは、議会の議事は原則として出席議員の過半数で決するとする原則であるが、「この議決に議長は加わる権利を有しない」。ただし議長は裁決権を有する。
3 誤り。一事不再議の原則とは、議会で議決された同一の事項は、「同一会期中に限り」再び議案を提出することができないとする原則である。以後の会期において同一事項の議案を提出することはできる。
4 正解。
5 誤り。会期不継続の原則には「例外がある」。議会の議決があれば、各委員会は議会の閉会中も活動できる。

の3分の2以上で秘密会を開くことができる。
○議会の会議は、本会議を指しているので、会議公開の原則は、委員会には適用されない。

③過半数の原則
○過半数の原則とは、議会の議事は、原則として出席議員の過半数で決するとする原則をいう。例外として、特別多数議決がある。
○議事は、議決又は決定をいい、議会が行う選挙は含まれない。
○議長は、過半数議決のときには議決に加わる権利を有しない。ただし議長には、裁決権がある。

④会期不継続の原則
○会期不継続の原則とは、議会は、会期ごとに独立して活動し、会期中に議決に至らなかった事件は会期の終了とともに消滅し、後会に継続しないとする原則をいう。
○議会の会期は、不継続が原則であるが、「議会の議決があれば」、各委員会は、議会の閉会中も活動できる。

⑤一事不再議の原則
○一事不再議の原則とは、「**同一会期中に**」、一度議決（可決又は否決）された事件については、再び審議の対象としないとする原則をいう。
○この原則は条理上の原則で、自治法上の明文規定はない。
○この原則の例外に、長の再議がある。

〔参照条文：法113・115・116・119・176〕

57 議事の表決

【No.057】 議事の表決の記述として、妥当なのはどれか。

1 議会の議事は、原則として議員定数の過半数で決し、可否同数のときは議長が決定する。これを多数決の原則という。
2 特別多数議決は、多数決議決、すなわち過半数議決の例外であり、この場合の表決に当たっては、議長は表決権を有する。
3 多数決の原則によれば、採決の結果可否同数のときには、議長は表決権を有することになるが、裁決権は有しない。
4 多数決の原則の例外として特別多数議決があるが、議員定数の半数以上が出席し出席議員の3分の2以上の同意の場合と議員定数の3分の2以上が出席し4分の3以上の同意の場合がある。
5 多数決議決には、主要公務員の解職に関する議決があり、特別多数議決には、議員の除名、長の不信任に関する議決がある。

【No.057 解説】
1 誤り。議会の議事は、原則として「出席議員」の過半数で決し、可否同数のときは議長が決定する。これを多数決の原則（過半数の原則）という。
2 正解。
3 誤り。議長は「裁決権を有することになるが、表決権は有しない」。
4 誤り。多数決の原則の例外として特別多数議決があるが、議員定数の半数以上が出席し出席議員の3分の2以上の同意の場合と「現任議員」の3分の2以上が出席し4分の3以上の同意の場合がある。
5 誤り。「主要公務員の解職に関する議決は、議員の除名、長の不信任に関する議決と同じく、特別多数議決」である。

ポイント整理

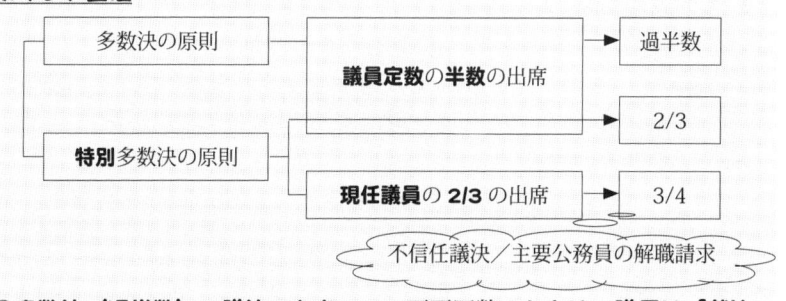

```
                    ┌─ 議員定数の半数の出席 ──→ 過半数
多数決の原則 ───────┤
                    │                         ┌→ 2/3
特別多数決の原則 ───┤
                    └─ 現任議員の 2/3 の出席 ──→ 3/4
                                                不信任議決／主要公務員の解職請求
```

○**多数決（過半数）の議決のとき**………可否同数のときは、**議長は「裁決権」**を有する。
○**特別多数議決のとき** ………………**議長は「表決権」**を有する。
● 多数決の原則の例外として、「**特別議決（特別多数議決）**」がある。
  □「議員定数の半数以上が出席し出席議員の 2/3 以上の同意が必要なもの」
  （例）事務所条例の議決
  □「現任議員の 2/3 以上が出席し出席議員の 3/4 以上の同意が必要なもの」
  （例）長の不信任議決、議員の除名、主要公務員の解職請求による解職議決

〔参照条文：法 116・4・115・127・176・87・135・178〕

58 議案の提出・議案の修正

【No.058】 議案の提出・議案の修正の記述として、妥当なのはどれか。

1 議案の提出権は、議員のみに専属するものがある一方、長の権限に属する事務を執行する前提として議会の議決を要するものは長のみにある。
2 議案の提出権は、団体意思の決定に関する議案については、原則として長及び議員の双方にあるが、議会の委員会には議案の提出権がない。
3 議案の提出権として、議会としての機関意思の決定に関する議案については、議長のみに提出権がある。
4 議員が議案を提出する場合は、議員定数の8分の1以上の者の賛成を必要とし、文書をもって提出しなければならない。
5 議員が、議案に対する修正の動議を提出する場合には、議員一人でも発議できるが、修正案を議決するときには議員定数の過半数の同意が必要である。

【No.058 解説】
1 正解。
2 誤り。議案の提出権は、団体意思の決定に関する議案については、原則として長及び議員の双方にあるほか、議会の委員会の所管に属する議案については「議会の委員会にも議案の提出権がある」。
3 誤り。議会としての機関意思の決定に関する議案は、「議員のみ」に提出権がある。
4 誤り。議員が議案を提出する場合は、議員定数の「12分の1以上」の者の賛成を必要とし、文書をもって提出しなければならない。
5 誤り。議員が、議案に対する修正の動議を提出する場合には、「議員定数の12分の1以上」の者の発議によらなければならない。修正案を議決するときには「出席議員」の過半数の同意が必要である。

ポイント整理
議案の提出
○議会で議決すべき事件は、3つに分類できる。
①地方公共団体の**団体意思を決定**するもの……「**長・議員・委員会**」
②議会として**機関意思を決定**するもの…………「**議員・(委員会) のみ**」
③**長**の**権限事務を執行する前提**とするもの……「**長のみ**」
議案提出の要件
○議員が議案を提出する場合には、議員定数の「**12分の1以上**」の賛成を必要とする。
○委員会は、議会の議決すべき事件のうち、その部門に属する当該地方公共団体の事務につき、議会に議案を提出することができる。ただし予算についての提出権はない。
○議案の提出は、**文書**で行わなければならない。
議案修正の動議
○議員の議案修正の動議は、議員定数の「**12分の1以上**」の発議による。

〔参照条文：法109・112・115の3・149〕

59 議会における懲罰

【No.059】 議会における懲罰の記述として、妥当なのはどれか。

1 議会の懲罰は、自治法の規定に違反した議員に対して科せられるが、議会の会議規則や委員会条例に違反した議員には科せられない。
2 懲罰の種類は、戒告、陳謝、出席停止及び除名の4種類があるが、出席停止の効力は、次の会期にも及ぶ。
3 懲罰の動議を議題とするときは、議員定数の8分の1以上の者の発議が必要であるが、4種類の懲罰のうちどれを選択するかは議会の自由裁量である。
4 懲罰の議決は、どの懲罰でも議員定数の半数以上の者が出席し、その過半数で決せられる。
5 議会における懲罰に関する必要な事項は、委員会条例の中にこれを定めなければならないとされている。

【No.059 解説】
1 誤り。議会の懲罰は、自治法の規定のほか、「議会の会議規則や委員会条例に違反した議員にも科せられる」。
2 誤り。出席停止の効力は、「次の会期に及ばない」。
3 正解。
4 誤り。懲罰の議決は、「戒告、陳謝及び出席停止の場合」は議員定数の半数以上の者が出席しその過半数で決せられるが、「除名の場合は特別多数議決」である「現任議員」の3分の2以上が出席しその4分の3以上の同意が必要である。
5 誤り。議会における懲罰に関する必要な事項は、「会議規則」の中にこれを定めなければならないとされている。

ポイント整理
○議会は、「地方自治法、議会の会議規則及び委員会条例」に違反した議員に対し、議会の議決により懲罰を科すことができる。
○懲罰に関し必要な事項は、**会議規則**中に定めなければならない。
○議会の懲罰は、次の4つがある。

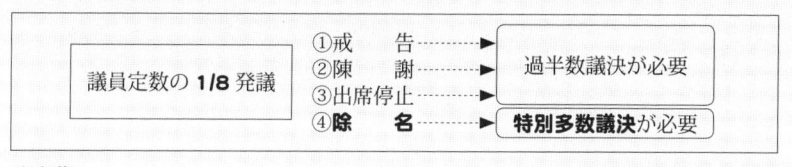

議員定数の **1/8** 発議	①戒　　告 ②陳　　謝 ③出席停止	過半数議決が必要
	④**除　　名**	**特別多数議決**が必要

(発議)
○懲罰を議題とするには、議員定数の**「8分の1」以上の発議**による。
○戒告、陳謝、出席停止の場合は、「議員定数の半数以上」の者が出席しその過半数で決せられる。
○公開の場における戒告、公開の場における陳謝、一定の期間の出席停止は、次の会期に及ばない。
○「**除名**」に限り、議会の**「現任議員」の3分の2以上**が出席し、その**4分の3以上**の特別多数議決が必要である。
○懲罰の4種類のどれを選択するかは、議会の**自由裁量**である。

〔参照条文：法134・135・136・137〕

60 長と議会との関係

【No.060】 長と議会との関係の記述として、妥当なのはどれか。

1 長と議会の議員は、それぞれ住民から直接選ばれて、二元代表制を構成しているが、最終的な両者の対立は住民の責任で調整される制度となっている。
2 長と議会は、相互に対等な関係に置きながらも相互の抑制・均衡を通じて円滑な運営を行うことを建前として、長には当然に議会出席の義務がある。
3 長と議会の相互の抑制手段として、長には議会の招集、会期の決定などの権限が与えられており、議会には議決権などが与えられている。
4 長と議会の相互の抑制手段として、議会には、専決処分、再議の議決、不信任議決の権限が与えられている。
5 長と議会の相互の抑制手段として、長には、議会の招集権、議案の提出権が与えられているが、これらの権限は議会に及ぶことはない。

【No.060 解説】
1　正解
2　誤り。長には当然に議会出席の義務は「ない」。議長からの要請に基づき出席することになる。
3　誤り。長と議会の相互の抑制手段として、長には議会の招集などの権限、議会には議決権などが与えられているが、「会期の決定は議会の権限」である。
4　誤り。単なる専決処分は長の権限とされている。
5　誤り。長と議会の相互の抑制手段として、長には、議会の招集権、議案の提出権が与えられているが、これらの権限は「例外として議会に及ぶこともある」。例えば、招集権では長が臨時会の招集に応じないときに議長が招集できる場合、議案の提出も議員定数の12分の1以上の賛成によりできる場合がある。

ポイント整理
①基本的関係
○長と議会は、首長主義のもとに、相互に抑制手段として、次の権限が与えられている。

[**長の権限**]………ア：議会の招集　イ：議案の提出　ウ：再議・再選挙の請求　エ：議会の解散　オ：専決処分

○議会の招集は長の権限であるが、議長又は議員の臨時会の招集に応じないときは、議長が招集できる。
○議案の提出権は、一般状態では長の権限であるが、議員や委員会にもある。

[**議会の権限**]……ア：議案の議決　イ：検査権の発動及び監査委員への監査の要求　ウ：意見書の提出　エ：調査権の発動　オ：長の議会への出席要求　カ：再議の議決　キ：長の不信任議決　ク：専決処分の承認　コ：議会の開閉、会期の決定

○長と議会の議員は、それぞれ住民から直接選ばれて、二元代表制を構成しているが、最終的な両者の対立は直接請求制度により住民の責任で調整される。

〔参照条文：法101・149・176・177・179・180・96・98・99・100・121・178〕

61　一般的拒否権

【No.061】　一般的拒否権の記述として、妥当なのはどれか。

1　一般的拒否権は、議会の議決に異議あるときに、長が、再議に付さなければならない義務がある拒否権である。
2　一般的拒否権は、その議案の議決の日から10日以内に限り、再議に付すことができる拒否権である。
3　一般的拒否権は、再議に当たっては、長は理由を付す必要がなく、再議に付されたときは、当該議決は、当該議決のときに遡って効果を持たなくなる。
4　一般的拒否権は、条例又は予算に対する議会の議決に異議ある場合であり、総合計画などの議決までには及ばない。
5　一般的拒否権は、再議の結果、条例の制定改廃が出席議員の3分の2以上で再び同じ議決があるときは、その議決は確定する。

【No.061 解説】
1 誤り。一般的拒否権は、議会の議決に異議あるときに、長が、「再議に付すことができる拒否権である」。再議は「任意」である。
2 誤り。一般的拒否権は、その議案の議決の日「(条例又は予算は、その議決の送付を受けた日)」から10日以内に限り、再議に付すことができる拒否権である。
3 誤り。再議に当たっては、長は「理由を付す必要がある」。
4 誤り。一般的拒否権は、条例又は予算に対する議会の議決に異議ある場合のほか、条例・予算以外の「総合計画などの議決まで及ぶ」。
5 正解。

ポイント整理
一般的拒否権(再議・再選挙)

○長の拒否権とは、議会の議決又は選挙について、長が再議又は再選挙に付することができる権限をいう。再議に付するか否かは任意である。
○長の拒否権には、一般的拒否権と特別的拒否権がある。

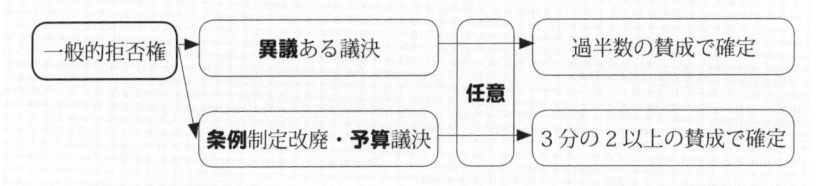

```
一般的拒否権 ─┬─ 異議ある議決 ────────┐         ┌─ 過半数の賛成で確定
              │                      任意      
              └─ 条例制定改廃・予算議決 ┘         └─ 3分の2以上の賛成で確定
```

○一般的拒否権とは、長が議会の議決に「異議」あるときに、法律に特別の定めがあるものを除くほか、「**議決の日**」(条例の制定改廃又は予算議決はその「**送付を受けた日**」)から「**10日以内**」に「**理由**」を示して、再議に付することができる拒否権である。
○一般的拒否権の対象は、条例・予算以外の議決事件(総合計画など)に拡大されている。
○再議は、当該条例又は予算を執行する「前」でなければならない。
○議決のうち、「条例の制定改廃又は予算議決」に関するものは、出席議員の3分の2以上の多数で再び同じ議決がなされたときは、その議決は確定する。条例・予算以外の議決は、過半数議決で確定する。

〔参照条文:法176〕

62　特別的拒否権

【No.062】　特別的拒否権の記述として、妥当なのはどれか。

1　長は、議会の議決又は選挙がその権限を超えているときは再議に付さなければならないが、理由を付するか否かは任意とされている。
2　長は、議会の義務的経費の削減議決に対し再議に付し、再議の結果、出席議員の3分の2以上で同じ議決があれば、その議決は確定する。
3　長は、感染症予防経費の削減議決があるときは、再議に付し、再議の結果、再び同じ議決があれば、不信任議決とみなし議会を解散できる。
4　長は、非常災害費に対して議会が削減議決をした場合には、再議に付すことなく、原案執行権に基づき必要な経費を支出することができる。
5　長は、議会の議決が収入又は支出に関して執行不能なものがあると認めるときは、理由を示して再議に付さなければならない。

ポイント整理

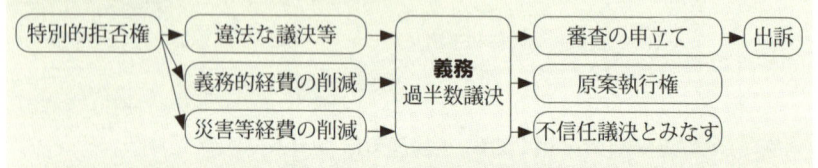

特別的拒否権
- 違法な議決等
- 義務的経費の削減
- 災害等経費の削減

→ **義務** 過半数議決 →
- 審査の申立て → 出訴
- 原案執行権
- 不信任議決とみなす

○特別拒否権の再議は、当該条例又は予算を執行する「前後」を問わない。

①『違法な議決・選挙』
○議会の議決又は選挙がその権限を超えて違反するときは、長は「理由」を示して、再議又は再選挙に付さなければならない義務がある。
○再議又は再選挙の結果、過半数で改まらないときは、当該議決又は選挙があった日から「21日以内」に、都道府県は総務大臣に、市町村は知事に「審査の申立て」を行うことができる。
○さらに、総務大臣又は知事の裁定に不服があるときは、裁定のあった日から「60日以内」に、裁判所に出訴することができる。

【No.062 解説】
1　誤り。長は、議会の議決又は選挙がその権限を超えているときは再議に付さなければならず、その際、「理由を付さなければならない」。
2　誤り。議会の義務的経費の削減議決に対する再議の結果、出席議員の「過半数」で同じ議決があれば、その議決は確定する。なおこの場合、長は原案執行権を発動することもできる。
3　正解。
4　誤り。長は、非常災害費に対して議会が削減議決をした場合には、「再議に付さなければならず」、再議の結果同じ議決があれば、不信任議決とみなし議会を解散できる。「原案執行権は義務的経費の削減の場合である」。
5　誤り。収入又は支出の執行不能の議決に対する特別的拒否権の規定は「廃止」され、特別的拒否権の対象となっていない。

②『義務的経費等の削減』
○議会で、①法令により負担する経費、②法令等に基づく義務的経費の削減の議決がある場合には、長は「理由」を示して、再議に付さなければならない義務がある。
○再議の結果、過半数で、なお議決が改まらないときは、長は、その経費及び収入を予算に計上し、議会の議決を経ないで執行することができる。これを「長の原案執行権」という。

『災害等経費の削減』
○議会で、非常災害復旧費又は感染病予防費を削減する議決があった場合には、長は「理由」を示して再議に付さなければならない義務がある。
○再議の結果、過半数で議決が改まらないときは、長は、その議決を「不信任議決とみなし」て、再議決の通知を受けた日から「10日以内」に、「議会を解散」することができる。この場合、解散するか否かは長の判断である。

〔参照条文：法176・177〕

63 不信任議決

【No.063】 不信任議決の記述として、妥当なのはどれか。

1 議会は、長に対する不信任の議決をすることができるが、不信任議決を行うことができる場合が限定されている。
2 不信任議決は、議員定数の3分の2以上の者が出席し、その4分の3以上の同意によって成立する。
3 不信任議決があった場合は、長は、その議決があった日から10日以内に議会を解散しなければならない。
4 不信任議決に基づく議会の解散選挙後、初めて招集された議会において再び不信任議決があるときは、その通知を受けた日に長は失職する。
5 不信任議決に基づく解散選挙後に初めて招集された議会における再不信任議決は、議員数の3分2以上が出席し4分の3以上の同意が必要である。

【No.063 解説】
1　誤り。議会の不信任議決を行うことができる場合の「限定はない」。
2　誤り。不信任議決は、「現任議員数（議員数）」の3分の2以上の者が出席し、その4分の3以上の同意によって成立する。
3　誤り。長は、不信任議決があった場合、その「通知を受けた日」から10日以内に議会を「解散することができる」。議会を解散しなければならないわけではない。議会を解散しないときは、長は11日目に失職となる。
4　正解。
5　誤り。不信任議決に基づく解散選挙後に初めて招集された議会における再不信任議決は、議員数の3分2以上が出席し、「過半数」の同意が必要である。

ポイント整理
○首長主義は、議会と長との均衡抑制のもとに、両者のバランスがとれていることを前提としているが、その調和が破られたときに、事態の解決を図る手段として、議会に「長の不信任議決」、長に「議会の解散」の権限を与えている。

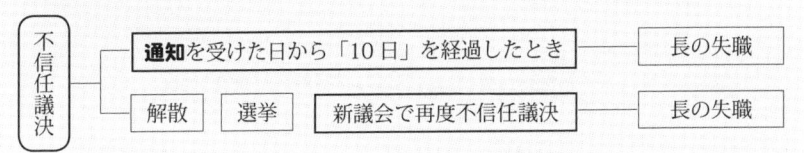

```
不信任議決 ─┬─ 通知を受けた日から「10日」を経過したとき ─── 長の失職
            └─ 解散 → 選挙 → 新議会で再度不信任議決 ─── 長の失職
```

○不信任議決は、法律上の特別の制限はなく、理由の如何を問わず行うことができる。不信任案の可決、信任案の否決、辞職勧告決議案などがある。
○不信任議決は、議会の機関意思の決定であるから、その議案の提案権は「議員に専属」する。
○議決は、「現任議員（議員数）」の「3分の2以上」の者が出席し、その「4分の3以上」が賛成すれば成立する。
○通知を受けた日から10日以内に議会を解散しないときは、期間が経過した日に、長は自動的にその職を失う。
○解散選挙後初めての議会で再度、現任議員の3分の2以上の者が出席し、その「過半数」が賛成すれば、長はその職を失う。この場合、長は再び議会を解散することができない。

〔参照条文：法178〕

64　専決処分

【No.064】　専決処分の記述として、妥当なのはどれか。

1　専決処分は、議会の権限に属する事項を長が議会に代わって処理することであり、副知事又は副区市町村長の選任同意にも認められる。
2　条例・予算の専決処分が議会の承認を得られないときは、長は必要と認める措置を講じ、これを議会に報告しなければならない。
3　専決処分には、法律に基づく場合と議会の委任に基づく場合があり、前者の専決処分後は、長はすみやかに議会に報告し承認を求めなければならない。
4　専決処分後に、議会の承認が得られない場合には、その効力に影響があり、長の政治的責任が残ると解されている。
5　議会の委任に基づく専決処分を行った場合、長は、法律に基づく専決処分の例により、これを議会に報告し承認を求めなければならない。

ポイント整理
○専決処分には、「法律に基づく場合」と「議会の委任に基づく場合」の2つがある。

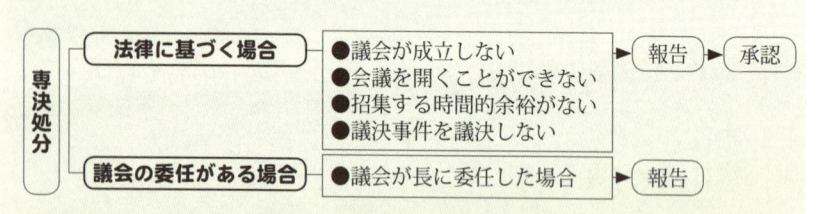

専決処分	法律に基づく場合	●議会が成立しない ●会議を開くことができない ●招集する時間的余裕がない ●議決事件を議決しない	報告 → 承認
	議会の委任がある場合	●議会が長に委任した場合	報告

●「法律に基づく」場合は、地方自治法に定める4つの場合に限られる。
①議会が成立しないとき
②法第113条のただし書の場合においてなお会議を開くことができないとき
③特に緊急を要するため議会を招集する時間的余裕がないとき
④議会が議決すべき事件を議決しないときである。

【No.064 解説】
1 誤り。専決処分は、議会の権限に属する事項を長が議会に代わって処理することであるが、「副知事又は副区市町村長の選任同意には認められない」(179条但書)。
2 正解。
3 誤り。専決処分のうち、法律に基づく場合の専決処分後は、長は、「次の議会」に報告し承認を求めなければならない。
4 誤り。専決処分後に、議会の承認が得られない場合でも「条例・予算以外はその効力には影響がなく」、長の政治的責任が残るのみと解されている。
5 誤り。議会の委任に基づく専決処分を行った場合、長は、法律に基づく専決処分と「異なり」、これを議会に「報告すれば足りる」。

○副知事又は副区市町村長の選任については、専決処分とすることができない。
○長は、法律に基づいた専決処分をしたときは、「次の議会」に報告し、承認を求めなければならない。
○条例の制定改廃又は予算に関する専決処分を議会が不承認としたときは、長は、速やかに必要な措置を講ずるとともに、その旨を議会に報告しなければならない。
● **「議会の委任」に基づく場合**は、議会の権限で議会の議決により長に委任したものを専決する場合で、これに基づく専決処分を行った場合は、長はこれを議会に報告すれば足りる。
○議会の委任に基づく場合の対象となる事項は、議会の権限に属する軽易な事項に限られるので、議会における選挙、議会の同意などは含まれない。
○議会から委任された事項は、長の権限に移り、議会は、もはやその議決権を有しない。したがって、当該委任事項に関して議会が議決した場合には、その議決は無効となる。

〔参照条文:法179・180〕

65 地方公共団体の長

【No.065】 地方公共団体の長の記述として、妥当なのはどれか。

1 地方公共団体の長は、当該地方公共団体が2分の1以上を出資している法人の役員に就任することができる。
2 地方公共団体の長は、予算を調製し執行する権限を有しており、契約の締結などの支出負担行為とともに、現金の出納保管を行う権限を有している。
3 地方公共団体の長は、地方公共団体の議会の議員と兼ねられないので、一部事務組合の管理者とも兼職できない。
4 地方公共団体の長は、副知事又は副区市町村長に長の職務を代理させることができるが、代理させた後は自らその事務を処理する権限を失う。
5 地方公共団体の長は、不信任議決があるときや住民からの解職請求があるときには、失職となる。

ポイント整理

(**兼職・兼業**) 長は下表の兼職・兼業が禁止されている。

【兼職禁止】	【兼業禁止】
① 国会議員	① 当該団体と個人請負
② 地方公共団体の議会の議員（一部事務組合を除く）	② 当該団体と請負関係にある法人の役員。ただし、当該地方公共団体が資本金の1/2以上を出資する法人の役職員を除く。
③ 行政委員会の委員	

(**失職**) 長は、死亡又は任期満了のほか、次の事由により地位を失う。
　①被選挙権の喪失…（当選当時に被選挙権を有しなかった場合又は当選後に被選挙権を喪失した場合にはその職を失う。長の被選挙権の有無は、選挙管理委員会が決定する）

【No.065 解説】
1 正解。
2 誤り。地方公共団体の長は、予算を調製し執行する権限を有しており、契約の締結などの支出負担行為を行う権限を有するが、「現金の出納保管を行う権限は会計管理者の権限」である。
3 誤り。地方公共団体の長は、地方公共団体の議会の議員と兼ねられない。ただし一部事務組合の管理者とは「兼職できる」例外規定がある。
4 誤り。地方公共団体の長は、副知事又は副区市町村長に長の職務を代理させることができるが、代理の場合は、長は自らその事務を処理する権限を「失わない」。しかし、委任の場合にはその事務を処理する権限を失う。
5 誤り。地方公共団体の長は、不信任議決があり「議会を解散しないとき」や住民からの解職請求があり「住民投票で過半数の賛成がある」ときには、失職となる。

②選挙の無効………（当選の無効により失職する）
③退職……………（退職は原則として知事は30日前、区市町村長は20日前に議長に申し出なければならない。ただし議会の同意を得たときは、その期日前に退職できる）
④失職……………（不信任議決があって議会を解散しないとき、住民からの解職請求があって住民投票で過半数の賛成がある等のときに、失職する）
（**代理・委任**）長は、副知事又は副区市町村長、職員にその職務を代理又は委任できる。「代理後」は自らその事務を処理できる権限を失わないが、「委任後」は自らその事務を処理できる権限を失う。

〔参照条文：法141・142・143・144・145・153・178・81・83〕

66 長の権限

【No.066】 長の権限の記述として、妥当なのはどれか。

1 長は、地方公共団体の事務の全般について総合的統一権を有するので、任命権、予算調製執行権、決算の調製権、条例の提出権を有している。
2 長は、当該地方公共団体の事務を管理し執行する権限を有しているので、他の執行機関の権限とされている事務も処理することができる。
3 長は、当該地方公共団体を統轄し代表する機関であるが、当該地方公共団体の区域内にある公共的団体等の監督権まで有していない。
4 長は、自治事務を処理するが、国が本来果たすべき事務であって国において適正な処理を特に確保する必要があると法律に定める事務は処理できない。
5 長は、その管理に属する行政庁の処分が法令、条例又は規則に違反すると認めるときは、その処分を取消又は停止することができる。

ポイント整理
①統轄代表権
○長は、当該地方公共団体を統轄し代表する機関である。
○長は、執行機関として、自治事務のほか、法定受託事務を処理する。
○長は、他の執行機関に対して、次の権限を有する。
　①「**任命権**」
　②「**条例の提出権**」
　③「**予算調製執行権**」
　④「**財産管理**」
　⑤「**決算の議会認定**」
○長は、各執行機関の組織運営などについて「**総合調整権**」を有している。
②事務の管理・執行権
○長は、当該地方公共団体の事務を管理し執行する権限を有している。
○長は、包括的な管理執行権を有し、法令により他の執行機関の権限とさ

【No.066 解説】
1 誤り。「決算調製権は会計管理者の権限である」。
2 誤り。長は、当該地方公共団体の事務を管理し執行する権限を有しているが、他の執行機関の権限とされている事務は「処理することができない」。
3 誤り。長は、当該地方公共団体を統轄し代表する機関であり、当該地方公共団体の区域内にある公共的団体等の「監督権まで有している」。
4 誤り。長は、自治事務と、国が本来果たすべき事務であって国において適正な処理を特に確保する必要があると法律に定める事務、いわゆる「第一号法定受託事務を処理する」。
5 正解。

れている事務以外の事務について、当然にその権限として処理することができる。

③所管行政庁の処分の取り消し及び停止権
○長は、**その管理に属する「行政庁」**の処分が法令、条例又は規則に違反すると認めるときはその処分を取消し又は停止することができる。
○知事又は区市町村長の取消・停止権に対しては、その**管理に属する行政庁**において、不服であっても、裁判所に出訴することができない。

④公共的団体等の指揮監督権
○長は、当該地方公共団体の区域内の公共的団体等の活動の総合調整を図るため、指揮監督権を有している。
○公共的団体等とは、農協、生協、商工会議所、社会福祉協議会、文化団体、スポーツ団体など、公共的な活動を営むもので、法人たると否とを問わない。

〔参照条文：法147・148・154の2・157〕

67 長の担任事務

【No.067】 長の担任事務の記述として、妥当なのはどれか。

1 長は、長の担任事務として、自治法に制限列挙されている事務に限り、処理する権限を有している。
2 長は、担任事務として、議会の議決すべき事件すべての事件について、議会に議案を提出する権限を有している。
3 長は、担任事務として、決算を議会の認定に付する権限を有しているが、会計を監督する権限まで有していない。
4 長は、担任事務として、財産を取得し、管理、処分する権限を有するが、ただし教育財産の管理は教育委員会の権限である。
5 長は、担任事務として、地方税を賦課徴収し、過料を徴収できる権限を有しているが、この権限は行政委員会にも認められている。

【No.067 解説】
1 誤り。長は、長の担任事務として、自治法に「概括列挙」されている事務について、処理する権限を有している。「制限列挙ではない」から列挙されていない事務も処理できる。
2 誤り。長は、担任事務として、議会の議決すべき事件について議会に議案を提出する権限を有しているが、「議決事件のすべてではない」。議会の権限である委員会条例などについては長に議案の提案権がない。
3 誤り。長は、担任事務として、決算を議会の認定に付する権限のみならず、会計を監督する権限まで「有している」。
4 正解。
5 誤り。地方税を賦課徴収し、過料を徴収できる権限は長のみの権限であり、「行政委員会には認められていない」。

ポイント整理
○長の担任事務は、概括的に列挙されているが、明文で規定していない事務でも、長は、包括的な管理執行権を有する。
○長の担任事務……「**概括列挙**」である。
○以下の権限は、**長のみの権限**である。

①	議案を提出すること。
②	予算を調製し、執行すること。
③	地方税を賦課徴収し、分担金、使用料、加入金、手数料を徴収し及び過料を科すること。
④	決算を議会の認定に付すること。
⑤	**会計を監督**すること。
⑥	財産を取得し、管理、処分すること。 ○例外として、教育財産の管理は教育委員会の権限である。
⑦	公の施設を設置、管理、廃止すること。
⑧	証書及び公文書類を保管すること。
⑨	その他、当該地方公共団体の事務を執行すること。

〔参照条文:法 148・149〕

68 長の権限の代理・委任・補助執行

【No.068】 長の権限の代理・委任・補助執行の記述として、妥当なのはどれか。

1 代理には、法定代理と任意代理があるが、法定代理に限り長の名において他の者が権限を執行し、長の行為として効果が生ずる。
2 法定代理は、長の職代理者が代理できる職務の範囲で、原則として長の権限のすべてに及ぶが、副知事又は副区市町村長の選任はできない。
3 任意代理は、法令上の根拠が有る場合に限り、長の任意の代理によって代理関係が生ずる場合である。
4 委任は、法令に特別の禁止規定のない限り、権限の一部を受任者に移し、委任者の名において権限を行うことをいう。
5 補助執行は、内部的に長の権限を補助執行させるもので、長の名において行われるが、行政委員会の職員に対し補助執行させることはできない。

ポイント整理

長の権限の代行			
	代理		長の名で権限を執行し、**長の行為**として効果が生ずる。
		法定代理	法律上代理関係が生ずる場合で、法定の事実の発生により生ずる。（法152条、252の17の8）
		任意代理	長の任意の授権によって代理関係が生ずる。（法153条①）
	委任		権限の一部を受任者に移し、**受任者の名と責任**において権限を行う。（法153条②、180の2）
	補助執行		内部的に長の権限を補助し執行させるもので、**長の名に**おいて行う。（法180の2）

長の権限の代理・委任・補助執行
○長は、長自ら保有する権限を行使するのが原則であるが他の者によって代行される場合がある。この代行には、代理と委任と補助執行があり、代理には**法定代理**と**任意代理**がある。

【No.068 解説】
1　誤り。代理には、法定代理と任意代理があるが、「いずれの場合も」、長の名において他の者が権限を執行し、長の行為として効果が生ずる。
2　正解。
3　誤り。任意代理は、法令の根拠の「有無にかかわらず」、長の任意の代理によって代理関係が生ずる場合である。
4　誤り。「受任者の名」において権限を行うことをいう。
5　誤り。行政委員会の職員に補助執行させることも「できる」。

①代理……「長の名」において他の者が権限を行使し、「長の行為」として効果が生ずる。
○「**法定代理**」—法定代理とは、「**長に事故あるとき**」又は「**長が欠けたとき**」に、副知事又は副区市町村長に長の職務を代理させるものである。
○長に「事故あるとき」とは、長期、遠隔の旅行、病気などをさす。
○法定代理には、法令上の根拠が必要である。
○「**任意代理**」—任意代理とは、長がその権限に属する事務の一部を、「職員」をして臨時に代理させるものである。
○任意代理は、長の意思に基づくものである。法定代理と異なり、法令上の明文規定がない場合でも代理させることができる。ただし長の権限のすべてを代理させることはできない。
○任意代理は、長は、いつでも、その意思に基づいて代理関係を解消できる。

②委任……権限の一部を受任者に移し、受任者の名と責任において権限を行う。
○委任は、自治法第153条②と第180条の２の規定を受ける。
○長は、権限の一部を、その管理に属する行政庁に委任できる。
○委任には、法令の根拠が必要である。

③補助執行……内部的に長の権限を補助執行させるもので、長の名と責任で行う。
○補助執行とは、長等が、その権限に属する事務の一部を行政委員会の「職員」又はその管理に属する機関の「職員」に執行させることをいう。補助執行はあくまで内部的な長の権限を補助執行させるものである。
○行政委員会の予算の補助執行や財産又は公の施設の管理の補助執行もある。

〔参照条文：法152・153・180の２・252の17の8〕

69　長の補助機関

【No.069】　長の補助機関の記述として、妥当なのはどれか。

1　長の補助機関は、長等の機関を補助する機関であり、補助機関は地方公共団体の意思を決定しそれを外部に表示する権限を持つ。
2　長の補助機関として、専門委員がいるが、長により選任される非常勤の特別職であり、その選任に議会の同意を必要とする。
3　長の補助機関は、長の手足となって働く者で構成されるから、長はこれらに当該指揮監督権を有するが、会計管理者に対する監督には制限がある。
4　長の補助機関として、出納員がいるが、出納員は会計管理者に任命される一般職であり、すべての普通地方公共団体にその設置が義務づけられている。
5　長の補助機関には、副知事・副区市町村長、会計管理者、職員などがいるが、行政委員会の職員も長の補助機関の職員である。

ポイント整理
○地方公共団体の執行機関の職務執行を補助することを任務とする機関を「**補助機関**」という。

	副知事・副区市町村長	会計管理者
①**定数**	条例で定める	自治法で1人を必置
②**選任**	長が議会の同意を得て任命	長が補助機関の職員から任命
③**身分**	特別職	一般職
④**解職**	いつでも解職できる	
⑤**退職**	20日前に長に申し出る	○欠けるとき・後任者を ○事故あるとき・代理者を

長・副知事又は副区市町村長、監査委員と親子、夫婦、兄弟姉妹でない者

【No.069 解説】
1　誤り。長の補助機関は、長等の機関がその意思を決定し外部に表示するに当たってそれを補助する機関であるが、「団体の意思を決定しそれを外部に表示する権限はない」。
2　誤り。専門委員の選任に「議会の同意を必要としない」。
3　正解。
（会計管理者は知事又は区市町村長の会計監督権に服するが、出納その他の会計事務の執行については長の指揮監督権が及ばない）
4　誤り。長の補助機関として、出納員がいるが、出納員は「当該地方公共団体の長」に任命される一般職であるが、出納員の設置は「町村の場合は任意設置である」。
5　誤り。行政委員会の職員は、「長の補助機関の職員ではない」。行政委員会に異動すれば当該行政委員会の補助機関の職員となる。

○長の補助機関は、長等の機関がその意思を決定し外部に表示するに当たってそれを補助する機関であり、補助機関には団体の意思を決定しそれを外部に表示する権限はない。
○副知事及び副区市町村長は、原則条例に基づく設置の機関であるが、条例で置かないこともできる。
○副知事及び副区市町村長の選任には議会の同意が必要であるが、解職には議会の同意を必要としない。
○会計管理者は、長の補助機関の職員のうちから、長によって任命される。
○会計管理者が事故あるときは長の補助機関の職員に事務を代理させることができるが、欠けたときは後任者を命じなければならない。
○出納員は、会計職員の中から地方公共団体の長が任命する。
○出納員は、都道府県及び区市には必置であるが、町村には置かないことができる。
○専門委員は、長により選任される非常勤の特別職であるが、その選任に議会の議決を必要としない。

〔参照条文：法161・162・163・164・168・169・174・171〕

70　副知事・副区市町村長

【No.070】　副知事・副区市町村長の記述として、妥当なのはどれか。

1　副知事・副区市町村長の定数は、条例で定められるが、なお副区市町村長の場合に限り、条例で置かないこともできる。
2　副知事・副区市町村長は、長が議会の同意を得て選任し、その任期は4年と定められているので、長は、任期中に任意に解職することができない。
3　副知事・副区市町村長は、検察官、警察官、収税官吏、公安委員との兼職のほか、長と同様な兼職・兼業が禁止される。
4　副知事・副区市町村長は、知事・区市町村長が議会による不信任議決によって失職したときは、同時に失職することになる。
5　副知事・副区市町村長が、兼業禁止の規定に違反する場合には、長は自らの裁量により、解職するか否かを決めることができる。

ポイント整理
○副知事・副区市町村長の定数は、「条例」で定める。またいずれも「条例」で置かないこともできる。
○副知事・副区市町村長は、長が議会の同意を得て選任する。
○副知事・副区市町村長は、長の被選挙権が住所について定められていないのと同様に、住所要件はない。
○副知事・副区市町村長は、長の権限の一部の委任を受け、長の事務を執行する際には、長によるその旨の告示が必要である。
○副知事・副区市町村長の任期は、4年であるが、長は、任期中でも、副知事・副区市町村長を解職することができる。この場合、議会の同意を必要としない。
○副知事・副区市町村長の欠格事由には、公職選挙法に定める選挙権や被選挙権を有しないときがあり、これらに該当するときに失職する。
○副知事・副区市町村長は、検察官、警察官、収税官吏、公安委員との兼職のほか、長と同様な兼職・兼業が禁止される。

【No.070 解説】
1　誤り。副区市町村長だけでなく、「副知事」も条例で置かないことができる。
2　誤り。副知事・副区市町村長は、その任期を4年と定められているが、長は、任期中に「任意に解職することもできる」。
3　正解。
4　誤り。副知事・副区市町村長は、知事・区市町村長が議会による不信任議決によって失職したときに、同時に「失職する規定はない」。
5　誤り。副知事・副区市町村長が、兼業禁止の規定に違反する場合には、長は、副知事・副区市町村長を解職しなければならない。「長の裁量ではない」。

○副知事・副区市町村長は、当該団体が出資している法人で政令で定めるものを除き、当該団体に対し請負をする法人の無限責任社員となることが禁止されている。
○副知事・副区市町村長が任期中に退職するときは、退職する日の20日前までに当該地方公共団体の長に申し出なければならない。ただし職務代理を行っている場合に限り退職する日の20日前までに「議長」に申し出なければならない。
○副知事・副区市町村長は、長と一体化し、次のような職務を行う。
・長を補佐し、政策及び企画をつかさどる。
・長の補助機関たる職員が担任する事務を監督する。
・長の職務を、法定代理する。

〔参照条文：法161・162・163・164・165・166・167〕

71 会計管理者

【No.071】 会計管理者の記述として、妥当なのはどれか。

1 会計管理者は、自治法に基づき1人置くとされているが、条例により増減することもできる。
2 会計管理者は、長の補助機関である職員のうちから、議会の同意を得て、長が任命する。
3 会計管理者は、収入及び支出の執行に関して命令を行う権限とその命令に従い具体的な収納及び支払を行う権限を有している。
4 会計管理者は、長、副知事又は副区市町村長のほか、監査委員と親子、夫婦、兄弟姉妹の関係にある者となることができない。
5 会計管理者の事務を補助するため、出納員その他の会計職員を置かなければならないが、これらの職員は会計管理者が任命する。

【No.071 解説】
1 誤り。会計管理者は、自治法に基づき1人置くとされている。したがって、条例による増減は「できない」。
2 誤り。会計管理者は、長の補助機関である職員のうちから長が任命する。「議会の同意を得る手続を必要としない」。
3 誤り。会計事務のうち、収入及び支出の執行に関して命令を行う権限は「長が有し」、その命令に従い具体的な収納及び支払を行う権限を「会計管理者」が有している。
4 正解。
5 誤り。会計管理者の事務を補助するため、出納員その他の会計職員を置かなければならないが、これらの職員は「当該地方公共団体の長」が任命する。

ポイント整理
○普通地方公共団体(特別区を含む)に、会計管理者が設置される。
○会計管理者は、**自治法**に基づき「**1人**」が必置であり、**長の補助機関の職員の中から**、長が任命する。条例でその数を増減できない。
○会計管理者は、会計事務をつかさどる。
○会計管理者は、予算執行機関と相対的に分離され、会計事務の執行に独立した権限を持っている。
○会計管理者は、事務を補佐する職員として出納員など会計職員を持つ。これらの職員の任命は、「長の権限」である。なお町村には出納員を置かないことができる。
○会計管理者は、地方公共団体の**長、副知事又は副区市町村長**のほか、**監査委員**と「**親子、夫婦、兄弟姉妹**」の関係にある者となることができない。関係が生じた場合には、その職を失う。
○地方公共団体の長は、会計管理者に「事故ある場合」において必要があるときは、長の補助機関である職員にその事務を代理させることができる。会計管理者が「欠ける場合」は、代理でなく後任を命ずることになる。

〔参照条文:法168・169・170・171〕

72 専門委員

【No.072】 専門委員の記述として、妥当なのはどれか。

1 専門委員は、地方自治法に設置根拠を置き、地方公共団体の長の附属機関として設置される。
2 専門委員は、専門の学識経験者の中から長が選任し、地方公務員法の一般職の非常勤の職と位置づけられる。
3 専門委員は、常設ではなく臨時に設置される機関であり、その設置には必ず条例又は規則の根拠を必要とする。
4 専門委員は、長の委託を受けて、長の権限に属する事務に関し必要な事項を調査する合議制の機関である。
5 専門委員は、個々に調査の委託を受ける方法で、長が委託する事項について調査研究し、その結果を長に報告することになる。

【No.072 解説】
1　誤り。専門委員は、地方自治法に設置根拠を置き、地方公共団体の「長の補助機関」として設置される。「附属機関ではない」。
2　誤り。専門委員は、専門の学識経験者の中から長が選任し、地方公務員法の「特別職」の非常勤の職と位置づけられる。
3　誤り。専門委員は、「常設又は臨時」に設置される機関であり、その設置には「必ずしも」条例又は規則の根拠を「必要としない」。自治法を根拠に設置できる。
4　誤り。専門委員は、「合議制」ではなく「独任制」の機関である。
5　正解。

ポイント整理
○専門委員は、長の「**補助機関**」として位置づけされる。
○専門委員は、専門の学識経験を有する者の中から、長が任命する「**非常勤**」の職員である。
○専門委員は、地公法上は「**特別職**」に属する。
○「**常設**」または「**臨時**」に設置する「**独任制**」の機関である。
○長の委託により、調査研究に当たる。
○調査の委託は、個々の委員に対して行われる。
○附属機関と異なり、自治法に基づき、他の法令・条例によらずに設置できる。

〔参照条文：法174〕

73 行政委員会

【No.073】 行政委員会の記述として、妥当なのはどれか。

1 行政委員会は、長への権限の集中による弊害を防ぐため長から独立して行政の一部を分担するが、一体的な運営を確保するため長の所轄下に置かれる。
2 行政委員会は、執行機関の一つであり、自ら企画立案し、調査等の一般的な行政権を有するほか、司法的権限、立法的権限の権能も有する。
3 行政委員会には、都道府県のみに設置される委員会と区市町村のみに設置される委員会があり、固定資産評価審査委員会は区市町村に設置されている。
4 行政委員会は、行政執行の前提として必要な審査及び調査を行う機関であり、自ら行政を執行することはできない。
5 行政委員会は、公正中立な立場での行政執行が求められるため、複数の委員がそれぞれ単独で意思決定を行う独任制の執行機関である。

ポイント整理
○行政委員会は、公正中立の立場から専門的に遂行させる行政分野について、複数の執行機関を設けて、長の事務を分担させるために設けられた「合議制」の機関である。
○例外として監査委員は「独任制」の機関である。
●種類

●都道府県に設置される行政委員会
(公安)(労働)(収用)(海区漁業調整)(内水面漁場管理)
●共通……(教育)(選管)(監査)(人事)(公平)
●市町村に設置される行政委員会
(固定資産評価審査)(農業)

○自治体の規模などによって設置しない行政委員会がある。農地面積が小さい場合の農業委員会、海面がない場合の海区漁業調整委員会などがある。
○特別区における固定資産税の賦課徴収は特別区ではなく東京都が行っているため、特別区には「固定資産評価審査委員会」は設置されず、都に

【No.073 解説】
1 正解。
2 誤り。行政委員会は、「準」司法的権限、「準」立法的権限の権能も有する。
3 誤り。行政委員会には、都道府県のみに設置される委員会と区市町村のみに設置される委員会があり、固定資産評価審査委員会は「市町村」に設置されているが、「特別区には設置されていない」。なぜなら固定資産税の賦課徴収を特別区ではなく東京都が行っているためである。
4 誤り。行政委員会は、行政執行の前提として必要な審査及び調査を行う機関でもあるが、「自ら行政を執行する機関でもある」。
5 誤り。行政委員会は、公正中立な立場での行政執行が求められるため、原則として複数の委員による「合議制」の執行機関である。例外として監査委員の独任制がある。

設置されている。
●**設置の根拠法**
○教育委員会……………………地方教育行政の組織及び運営に関する法律
○選挙管理委員会………………地方自治法
○人事委員会……………………地方公務員法
○監査委員………………………地方自治法
○公安委員会……………………警察法
○労働委員会……………………労働組合法
○収用委員会……………………土地収用法
○海区漁業調整委員会…………漁業法
○内水面漁場管理委員会………漁業法
○固定資産評価審査委員会……地方税法
○農業委員会……………………農業委員会等に関する法律
●**行政委員会の権限**

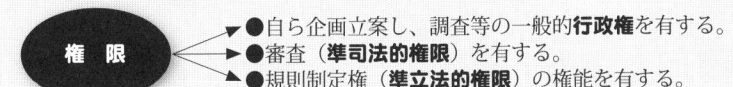

権　限
●自ら企画立案し、調査等の一般的**行政権**を有する。
●審査（**準司法的権限**）を有する。
●規則制定権（**準立法的権限**）の権能を有する。

〔参照条文：法 138 の 4・180 の 5〕

74　行政委員会の委員

【No.074】　行政委員会の委員に関する記述として、妥当なのはどれか。

1　行政委員は、普通地方公共団体の議会の選挙又は同意を得て選任され、あらかじめ任期について定めを置かないなど身分保障がされている。
2　行政委員は、兼業禁止の規定を受け、公法上当該地方公共団体に対して請負関係に立つことが禁止されている。
3　行政委員は、特定の場合を除き、原則としてその意に反して罷免されることはなく、職務執行の独立が保障されている。
4　行政委員は、民主的かつ中立的な職務の執行上、全ての委員が一般住民の解職請求の対象となっている。
5　行政委員は、人格が高潔で職務に関して識見を有することが第一であるから、政党政派の所属については影響を受けることはない。

ポイント整理
（**勤務**）行政委員会の委員は、大部分は地方公共団体の長が議会の同意を得て選任される。ただし、例外として、次の場合がある。
○選挙管理委員会の委員は、「議会の選挙」で選任される。
○労働委員会の委員は、「労働組合、使用者団体の推薦により知事が任命する場合と労働者委員及び使用者委員の同意を得て知事が任命する場合」がある。
○海区漁業調整委員会の委員は、「公選を除き知事」が選任する。
○内水面漁場管理委員会の委員は、「知事」が選任する。
○農業委員会の委員は、「公選を除き、区市町村長」が選任する。
（**勤務**）行政委員は、原則として非常勤の特別職である。ただし知識経験者から選任される監査委員、人事委員会の委員及び収用委員会の委員は、常勤とすることができる。
（**罷免**）行政委員は、一定の任期があり、特定の場合を除き、その意に反して罷免されることはなく、職務執行の独立性が保障されている。
○委員が、「①心身の故障のために職務の遂行に堪えないと認めるとき」又は「②職務上の義務違反その他委員たるに適しない非行があると認め

【No.074 解説】
1 誤り。行政委員は、一般的には普通地方公共団体の議会の選挙又は同意を得て選任されるが「例外もある」。また「委員の任期はあらかじめ定められている」。
2 誤り。行政委員は、兼業禁止の規定を受け、公法上当該地方公共団体に対して「その職務に関して」請負関係に立つことが禁止されている。なお監査委員の場合は職務が全体に及ぶので、当該地方公共団体に対して請負関係に立つことが禁止されている。
3 正解。
4 誤り。人事委員は解職請求の対象となっていない。また農業委員や海区漁業調整委員の解職請求は一般住民の権利ではない。
5 誤り。行政委員には、「政党政派に偏しないなど、一定の資格要件が定められている」。

るとき」は、議会の同意を得て、罷免できる。この場合、議会の常任委員会又は特別委員会において公聴会を開かなければならない。
(**兼職禁止**) 行政委員は、地方公共団体の議会の議員、地方公共団体の長、常勤の職員、短時間勤務職員と兼ねられない。
○行政委員は、その支配人、又は主として同一の行為をする法人（資本金の2分の1以上を出資する法人を除く）の無限責任社員、取締役、執行役、監査役これらに準ずる者、支配人及び清算人になることができない。
(**兼業禁止**) 行政委員は、「その職務に関し」当該地方公共団体と請負関係に立つことができない。監査委員は職務上当該地方公共団体に対し請負関係に立つことができない。
(**直接請求**) 行政委員には、住民の直接請求の対象となるものがある。
○直接請求の対象となるのは、教育委員、選挙管理委員、監査委員、公安委員、農業委員などである。しかし人事委員会は直接請求の解職の対象となっていない。
(**政党所属**) 行政委員は、政党に属することができるが、一定の数以上が同一の政党に属せない制限がある。

〔参照条文：法180の5〕

75　行政委員会と長との関係

【No.075】　行政委員会と長との関係の記述として、妥当なのはどれか。

1　長は、長の権限に属する事務を行政委員会に委任又は補助執行させることができるが、委任及び補助執行には、長と行政委員会との協議が必要である。
2　長は、行政委員会に対し予算の報告を徴し、予算執行状況にかかわる実地調査、報告を求めることができる。
3　行政委員会は、その所管に属する事務に関し議案の提出権を有するが、議会へ議案を提出するときには長と協議しなければならない。
4　行政委員会は、地方税を賦課徴収する権限を有しないが、分担金又は加入金を徴収する権限を有する。
5　行政委員会に対して、長は総合調整権を有しているので、行政委員会事務局の組織及び職員の身分取扱いについて決定する権限を有している。

ポイント整理
[1] 行政委員会の権限に属しない事項(自治法第180条の6に次の4項目)がある。
①地方公共団体の予算を調製し及びこれを執行すること。
・行政委員会が予算の執行事務を行っているのは長からの委任があるからである。
②地方公共団体の議決を経るべき事件につき、その議案を提出すること。
③地方税を賦課徴収し、分担金、加入金を徴収し、又は過料を科すること。
④地方公共団体の決算を議会の認定に付すること。
[2] 事務の委任・補助執行
○地方公共団体の長は、長の権限に属する事務を、行政委員会又はその職員に委任できるし、またその職員に対して補助執行させることができる。
○委任及び補助執行については、長と行政委員会との「協議」が必要である。
[3] 職員の兼職・事務の従事
○長は、行政委員会と協議の上、長の補助職員を行政委員会の事務を補助する職員と兼務させ、若しくはその職員に充て、又はその事務に従事させることができる。

【No.075 解説】
1　誤り。長は、長の権限に属する事務を行政委員会に委任することはできるが「補助執行することはできない」。委任及び職員の補助執行には、長と行政委員会との協議が必要である。
2　正解。
3　誤り。行政委員会は、その所管に属する事務に関する「議案を議会へ提出する権限を有しない」。したがって、長との協議もない。
4　誤り。行政委員会は、地方税を賦課徴収する権限のみならず、分担金又は加入金を徴収する権限を「有しない」。これらの権限は長の権限である。
5　誤り。行政委員会に対して、長は総合調整権を有しているので、行政委員会事務局の組織及び職員の身分取扱いについて「勧告権」などの権限を有するが、それを「決定する権限まで有していない」。

[4] 組織に関する勧告・協議
○行政委員会の「組織」、「職員の定数」、「身分取扱い」について、長に勧告権を認めている。勧告は、職員の身分取扱いに関する一般的な基準の勧告である。勧告は、相手方に絶対的な服従義務を課するものではない。
○行政委員会は、組織、定数、身分取扱いで当該委員会の権限に属する事項のうち「政令で定めるもの」について、規則その他の規程を定め又は変更するときは、あらかじめ長に協議しなければならない。

[5] 予算の執行に関する調査権
○地方公共団体の長は、行政委員会に対し予算の報告を徴し、予算執行状況にかかわる実地調査、報告を求めることができる。

[6] 公有財産に関する総合調整権
○長には、公有財産の効率的な運用を図るため、公有財産の取得又は管理の報告徴収、調整権、勧告権を含めた総合調整権が認められている。
○公有財産の管理は、本来地方公共団体の長が有する権限であるが、教育機関の用に供する公有財産は、地教行法で教育委員会に管理権がある。他の行政委員会は長からの委任がある場合に管理権がある。
○公有財産を取得し又は行政財産の用途を変更し、行政財産である土地を貸し付けこれに対して地上権を設定し又は行政財産の目的外使用の許可をする場合には、長との協議が必要である。

〔参照条文：法180の6・180の2・180の3・180の4・221・238の2〕

76 教育委員会

【No.076】 教育委員会の記述として、妥当なのはどれか。

1 教育委員会は、自治法の定めるところにより設置され、学校その他の教育機関を管理し、学校の組織編制、教育課程などの事務を執行する機関である。
2 教育委員会は、5人の委員で組織されるが、条例の定めるところにより、6人以上の委員で組織することができる。
3 教育委員会の委員は、当該地方公共団体の長の選挙権を有する者で、人格が高潔で、教育等に関し識見を有する者のうちから長が議会の同意を得て任命する。
4 教育委員会は、保護者である委員を構成員として組織され、委員長は委員のうちから当該地方公共団体の長が決定する。
5 教育委員会は、合議制の執行機関であり、会議は、委員長及び在任委員の過半数の出席を得て成立する。

ポイント整理
○教育委員会は、「地方教育行政の組織及び運営に関する法律（地教行法）」の定めるところにより、学校その他の教育機関を管理し、学校の組織編制、教育課程、教科書その他の教材の取扱い及び教育職員の身分取扱に関する事務を行い、ならびに、社会教育その他の教育、学術及び文化に関する事務を管理し執行する機関である。

〔組織〕
○教育委員会は、普通地方公共団体のほか、特別区及び地方公共団体の組合に設置される。
○教育委員会は、**原則として「5人の委員」**で組織される。ただし「条例の定める」ところにより、**都道府県及び区市は6人以上、町村は3人以上**で組織することができる。
○委員は、当該地方公共団体の長の「被選挙権」を有する者で、人格が高潔で、教育、学術及び文化に関して識見を有する者のうちから、地方公共団体の長が議会の同意を得て任命される。
○委員は、区市町村の場合は25歳以上、都道府県の場合は30歳以上でなければならない。

【No.076 解説】
1 誤り。教育委員会は、自治法ではなく「地教行法」の定めるところにより設置され、学校その他の教育機関を管理し、学校の組織編制、教育課程などの事務を執行する機関である。
2 誤り。教育委員会は、5人の委員で組織されるが、条例の定めるところにより、「都道府県及び区市」（都道府県又は区市が加入する地方公共団体の組合の教育委員会）は、6人以上の委員で組織することができる。町村の場合は3人以上の委員で組織できる例外がある。
3 誤り。教育委員会の委員は、当該地方公共団体の長の「被選挙権」を有する者で、人格が高潔で、教育等に関し識見を有する者のうちから長が議会の同意を得て任命する。したがって、都道府県の教育委員は満30歳以上、区市町村の教育委員は満25歳以上となる。
4 誤り。教育委員会は、保護者である委員を構成員として組織され、委員長は委員のうちから「選挙」で決定される。
5 正解。

○委員のうち、**保護者である者が委員に**含まれるようにしなければならない。
[会議]
○教育委員会は、合議制の執行機関である。
○会議は、委員長が招集し、委員長及び在任委員の「過半数」の出席が成立要件である。ただし、除斥や再度の招集にもかかわらず過半数に達しない場合は、この限りでない。
○委員会の議決は、出席委員の「過半数」で決し、可否同数のときは委員長が決する。
[権限]
○教育委員会は、当該地方公共団体が処理する教育に関する事務を管理し、執行する。
○（任命権）「市町村立学校職員給与負担法」により、都道府県がその給与を負担する教職員（県費負担教職員）の任命権は、都道府県教育委員会に属している。

〔参照条文：法180の8、地教行法2・3〕

77 教育長

【No.077】 教育長の記述として、妥当なのはどれか。

1 教育長は、委員長を除く教育委員の中から地方公共団体の長が任命する。
2 教育長は、教育委員会の会議を主宰し、すべての議事について助言することができる。
3 教育長は、教育委員会の指揮監督の下に教育委員会の権限に属するすべての事務を執行する。
4 教育長は、教育委員として議会の同意を得た後で任命されるので、地公法が適用されないことから特別職である。
5 教育長は、教育委員の中から任命されるから、教育長としての任期は4年とされている。

【No.077 解説】
1 誤り。教育長は、委員長を除く教育委員の中から「教育委員会」が任命する。
2 誤り。教育委員会の会議を主宰するのは「委員長」である。しかし教育長は、すべての議事について助言することができる。
3 正解。
4 誤り。教育長は、教育委員として議会の同意を得た後で任命される。教育長には地公法が「適用される」ことから「一般職」である。
5 誤り。教育長は、教育委員の中から任命されるが、教育長としての任期は「委員としての任期中在任」するとされているので、「4年ではない」。

ポイント整理
○教育委員会は、教育委員の中から教育長を任命する。
○教育長は、全ての教育委員会に置かなければならない。
○教育長は、教育委員会のすべての会議に出席し、助言できる。
○教育長は、教育委員としての任期中在任する。
○教育長は、教育委員会の指揮監督の下、教育委員会の権限に属する「すべて」の事務をつかさどる。
○教育長には、地公法が適用されることから一般職扱いである。

〔参照条文:地教行法 16・17〕

78 教育委員会と他の機関との関係

【No.078】 教育委員会と他の機関との関係の記述として、妥当なのはどれか。

1 市町村立学校職員給与負担法に基づき、都道府県がその給与を負担する教職員（県費負担教職員）の任命権は、区市町村教育委員会に属している。
2 教育委員会は、法令又は条例に違反しない限りにおいて、教育委員会規則を定めることができるが、この規則を定めるときには、あらかじめ長に協議しなければならない。
3 当該地方公共団体の長は、教育委員会の教育に関する事務の管理及び執行等が法令に違反する場合などのときに、緊急の必要があるときは、教育委員会に対し違反の是正等を指示することができる。
4 長が、歳入歳出予算のうち、教育事務に関する議会の議案を作成する場合には、教育委員会の意見を聴かなければならない。
5 教育委員会は、毎年、その権限に属する事務の管理及び執行の状況について点検及び評価を行い、報告書を作成し、これを地方公共団体の長に提出するとともに公表しなければならない。

ポイント整理
教育委員会と他の機関との関係

```
                        文部科学大臣 ─→ 文部科学大臣は是正の要求・
                             │              指示ができる
                             ↓
  長 ←───────────────  教育委員会  ───────────────→ 議会
  ○予算を伴う「規則」の協議      議会に管理執行状況の報告
  ○教育予算の「意見聴取」
```

[教育委員会と長との関係]
○教育委員会は、「規則」を定めることができるが、新たな予算を伴う規則を定める場合には、あらかじめ長に「協議」しなければならない。
○長が、「歳入歳出予算」のうち、「教育事務」に関する議会の議案を作成する場合には、教育委員会の「意見」を聴かなければならない。長の予

【No.078 解説】
1　誤り。市町村立学校職員給与負担法に基づき、都道府県がその給与を負担する教職員（県費負担教職員）の任命権は、「都道府県」教育委員会に属している。
2　誤り。教育委員会は、法令又は条例に違反しない限りにおいて、教育委員会規則を定めることができるが、この規則の実施で「新たに予算を伴うもの」を定めるときには、あらかじめ長に協議しなければならない。
3　誤り。「文部科学大臣」は、教育委員会の教育に関する事務の管理及び執行等が法令に違反する場合などのときに、緊急の必要があるときは、教育委員会に対し違反の是正等を指示することができる。長は、教育委員会の権限に属する事項については是正等の指示をすることができない。
4　正解。
5　誤り。教育委員会は、毎年、その権限に属する事務の管理及び執行の状況について点検及び評価を行い、報告書を作成し、これを「議会」に提出するとともに公表しなければならない。

　算に関する意見聴取は教育委員会のみに課せられている。
[教育委員会と国との関係]
○文部科学大臣は、教育委員会の教育に関する事務の管理及び執行等に法令違反がある場合、又は当該事務の管理執行を怠るものがある場合において、児童生徒等の生命又は身体の保護のため、緊急の必要があるときは、当該教育委員会に対し、当該違反を是正し、又は当該怠る事務の管理執行を改めるべく指示することができる。
[教育委員会と議会との関係]
○教育委員会は、毎年、その権限に属する事務の管理及び執行の状況について点検及び評価を行い、その結果に関する報告書を作成し、これを「議会」に提出するとともに、公表しなければならない。
[県費負担教職員との関係]
○県費負担の教職員の任命権者は、その給与を負担する都道府県教育委員会である。
○県費負担の教職員の給与・勤務条件その他勤務条件については、都道府県条例で定められる。

〔参照条文：地教行法33・29・50・27〕

79 選挙管理委員会

【No.079】 選挙管理委員会の記述として、妥当なのはどれか。

1 選挙管理委員会は、4人の委員で組織され、委員は人格が高潔で、政治及び選挙に関し公正な識見を有する者であれば、当該議会の議員の選挙権を有する者に限られない。
2 選挙管理委員が心身の故障のため職務遂行に堪えないとき又は職務上の義務違反や非行があるときは、長は、議会の公聴会を開いた上で、議会の議決により当該委員を免職できる。
3 選挙管理委員会の委員を退職するときは、選挙管理委員会の承認と委員長の承認を得なければならない。
4 選挙管理委員会は、委員長が招集する。会議は半数以上の委員が出席し、出席委員の過半数をもって決定される。
5 選挙管理委員会は、議会の選挙によって選出された委員で組織されるが、委員は、当該職を退いた後も、職務上知り得た秘密を漏らしてはならない義務を負う。

ポイント整理
○選挙管理委員会は、普通地方公共団体及び特別区に設置の義務がある。
（**組織**）選挙管理委員会は、4人の委員で組織され、委員の任期は4年である。
○委員は、議員の「選挙権」を有する者で、人格が高潔で、政治及び選挙に関し公正な識見を有する者のうちから、補充員とともに「議会で選挙」される。
○選挙管理委員会は、委員の中から委員長を選挙する。
（**守秘義務**）委員は、在任中及びその職を退いた後も、「職務上知り得た秘密」を漏らしてはならない。
（**失職**）委員は、その地方公共団体の選挙権を有しなくなったときは、その職を失う。その選挙権の有無は、選挙管理委員会が決定する。
（**罷免**）**議会**が、委員が「**心身の故障**のため職務の遂行に堪えないと認める場合」又は「職務上の義務違反その他の**非行**があると認めた場合」で、

【No.079 解説】
1　誤り。選挙管理委員会は、4人の委員で組織され、委員は人格が高潔で、政治及び選挙に関し公正な識見を有する者で、かつ当該議会の議員の選挙権を有する者に「限られる」。
2　誤り。選挙管理委員が心身の故障のため職務遂行に堪えないとき又は職務上の義務違反や非行があるときは、「議会は」、公聴会を開いた上で、議会の議決により当該委員を免職できる。
3　誤り。選挙管理委員会の委員を退職するときは、「委員長の場合は選挙管理委員会の承認」、「委員の場合は委員長の承認」を得なければならない。
4　誤り。選挙管理委員会は、委員長が招集する。会議は「3人以上」の委員が出席し、出席委員の過半数をもって決定される。
5　正解。

「議会の同意」を得て**「罷免」**したとき。なお、議会の同意に当たっては、常任委員会又は特別委員会において公聴会を開き決定しなければならない。
(退職) 委員長が退職するときは、当該選挙管理委員会の承認を、委員が退職するときは委員長の承認を得なければならない。
(会議) 選挙管理委員会は、委員長が招集する。
〇会議は「**3人以上**」の委員が出席することを要する。委員の事故により委員がその数に達しないときは、補充員が充てられる。
〇議事は、出席委員の「**過半数**」をもって決し、可否同数のときは委員長の決するところによる。

〔参照条文：法181・182・183・185・185の2・187・188・189・190〕

80 監査委員

【No.080】 監査委員の記述として、妥当なのはどれか。

1 監査委員は、公平かつ公正な行政を確保するために、地方公共団体の機関の行政監査を行う独任制の執行機関である。
2 監査委員は、独任制の機関であり、各監査委員が独立して職務を行うことを建前としているので、合議によることはない。
3 監査委員の定数は、都道府県と人口25万以上の区市は4人、その他の区市及び町村は2人であり、条例で定数を増加することはできない。
4 監査委員は、識見の委員と議員の委員で構成されるが、識見の委員は、都道府県及び人口25万以上の区市は2人又は1人、その他の自治体は1人となる。
5 監査委員は、長が議会の同意を得て選任されるが、その監査委員の中から代表監査委員を選任しなければならない。

ポイント整理
○監査委員は、地方公共団体の機関の「行政監査」を行う「独任制」の執行機関である。ただし、「住民監査請求に係る監査」、「職員の賠償責任の決定」及び「監査委員の監査結果に関する報告・意見を決定」するときは「合議」による。
○監査委員の定数は、**都道府県**及び**人口25万以上の区市**は**4人**
　　　　　　　　　その他の区市町村は**2人**
○条例で、監査委員の定数を増加することができる。定数を条例で増加できるのは、識見を有する者の監査委員の場合である。
○監査委員は、長が議会の同意を得て選任される。
○監査委員は、「**識見を有する者**」及び「**議員**」のうちから選任される。
○「議員のうちから選任」する監査委員の数は、都道府県及び人口25万以上の区市は2人又は1人、その他の自治体は1人である。
○「識見を有する監査委員」の数が2人以上であるときは、少なくともその数から1を減じた人数以上は、当該地方公共団体の常勤職員でなかった者でなければならない。
○監査委員は、地方公共団体の常勤の職員及び短時間勤務職員と兼ねることができない。

【No.080 解説】
1 正解。
2 誤り。監査委員は、「特定の事項については合議による」。
3 誤り。監査委員の定数は、「条例で定数を増加することもできる」。
4 誤り。監査委員のうち、「議員の委員」は、都道府県及び人口25万以上の区市は2人又は1人、その他の自治体は1人となる。
5 誤り。代表監査委員は「識見の監査委員の中から」選任しなければならない。

○監査委員も、兼業の禁止規定が適用される。監査委員については、「その職務」が当該団体の全体に及ぶので、広く請負が禁止されている。
●**監査委員は、次の場合に職を失う。**
①**選挙権**及び**被選挙権**を有しないとき。
②当該地方公共団体の**長又は副知事・副区市町村長と、親子、夫婦、又は兄弟姉妹**の関係にあるとき。
③委員が、「**心身の故障**のために職務遂行が困難なとき」又は「職務上の義務違反その他**非行**があるとき」は、地方公共団体の長は、議会の同意を得て罷免できる。この議会の罷免には、常任委員会又は特別委員会で、公聴会を開かなければならない。
(**代表監査委員**) 監査委員は、その定数が3人以上の場合は、識見委員のうち1人を、定数が2人の場合は識見委員を代表監査委員としなければならない。
(**職務権限**) 監査委員の監査は「一般監査」と「特別監査」とに分けられる。
「**一般監査**」とは、監査委員の職権で行う監査で、地方公共団体の「**財務**」に関する事務の執行及び「**経営**」に関する事業の管理を監査するものである。
「**特別監査**」とは、法令の定めにより、**他から監査請求があった場合**に開始される。
○監査委員の監査は、自治事務については「労働委員会」及び「収用委員会」の権限に属する事項に及ばない。また法定受託事務については、「労働委員会」及び「収用委員会」の権限に属する事項のほか、「国の安全」及び「個人の秘密」に関する事項に及ばない。
(**監査の方法**) 監査の方法は、書面監査と実地監査があるが、監査委員は、必要と認めるときは、関係人の出頭を求め、調査し、書類その他の記録の提出を求め、又は学識経験を有する者等から意見を聴くことができる。だが、議会の調査権と異なり、関係人の出頭を強制することはできない。

〔参照条文:法195・196・197・197の2・199の3〕

81 外部監査制度

【No.081】 外部監査制度の記述として、妥当なのはどれか。

1 外部監査制度は、監査についての独立性と専門性を強化するために制度化されたもので、都道府県に限り自治法に基づく義務設置とされている。
2 外部監査制度は、包括外部監査と個別外部監査があるが、前者は義務設置であり、後者は任意設置である。
3 外部監査制度は、長が外部監査人との契約により実施する監査であり、契約に当たっては監査委員の意見を聴きかつ議会の議決を経なければならない。
4 外部監査人は、弁護士、公認会計士、国又は地方公共団体の職員で政令で定める者及び税理士であり、これらの者で当該団体の元職員も対象となる。
5 外部監査制度に基づき、外部監査人は守秘義務を負うが、違反した場合でも、刑罰その他の罰則については、みなし公務員とみなされない。

ポイント整理
●外部監査制度
○外部監査制度には、「包括外部監査」と「個別外部監査」がある。
○包括外部監査は自治法に基づき、「都道府県、指定都市及び中核市」は義務設置であるがその他の区市町村は任意設置である。
○個別外部監査は、すべての都道府県及び区市町村において任意設置である。
○外部監査制度は、長が外部監査人との契約により実施する監査であり、契約に当たっては監査委員の意見を聴き、かつ議会の議決を経なければならない。
○外部監査制度による監査の結果は、外部監査人から議会、長、監査委員及び関係行政機関に通知され、住民には通知を受けた監査委員が公表することになる。
●外部監査人
○外部監査を締結できる者（外部監査人）は、①弁護士、②公認会計士、

【No.081 解説】
1　誤り。都道府県のほか、「指定都市及び中核市」に限り、「包括外部監査」が自治法に基づく義務設置とされている。
2　誤り。外部監査制度は、包括外部監査と個別外部監査があり、前者は「都道府県、指定都市及び中核市は義務設置」であるが「その他の区市町村は任意設置」である。後者は「すべての都道府県及び区市町村において任意設置」である。
3　正解。
4　誤り。外部監査人は、弁護士、公認会計士、国又は地方公共団体の職員で政令で定める者及び税理士であり、これらの者でも当該団体の元職員は「原則として対象とならない」。
5　誤り。外部監査制度に基づき、外部監査人は守秘義務を負い、違反した場合には、刑罰その他の罰則については、みなし公務員と「みなされる」。

　　③国又は地方公共団体の職員で政令で定める者（OB）、④税理士である。したがって外部監査人は「個人」であって、法人は対象とならない。
○当該地方公共団体の職員であった者は、原則として、当該地方公共団体の外部監査人となることができない。
○外部監査人は、契約で、地方公共団体の監査を行う点を除いては、監査委員とほぼ同様の権限を、監査委員から独立して行使することとされ、公務員の身分は保有しないが、外部監査契約を締結することにより、法律上一定の義務を負う。
○外部監査人は、監査の実施にあたり、監査委員にその旨を通知するとともに、監査委員の監査の実施に支障をきたさない配慮をしなければならない。
○議会は、外部監査人又は外部監査人であった者から説明を求めるとともに、外部監査人に対して意見を述べることができる。
○外部監査人は、「刑罰その他の罰則の適用」について「みなし公務員」とみなされる。

〔参照条文：法252の27・252の28・252の30〕

82　包括外部監査

【No.082】　包括外部監査の記述として、妥当なのはどれか。

1　包括外部監査の始期は、包括外部監査契約で定められ、毎会計年度によらない契約である。
2　包括外部監査契約は、なれ合いを防ぐため、同一の外部監査人と3回までの契約とし、4回以上の契約を禁止している。
3　包括外部監査の実施は、都道府県、指定都市及び中核市においては義務実施とされているので、条例を定めなければならない。
4　包括外部監査契約の場合、監査テーマは外部監査人に任されており、その対象や範囲については特に制限がない。
5　包括外部監査の契約に当たっては、長は、あらかじめ監査委員の意見を聴く必要はないが、議会の議決を経て、自治法で定めた外部監査人と契約を結ぶことになる。

ポイント整理
○包括外部監査は、「都道府県」「指定都市」「中核市」では、自治法に基づく義務設置である。その他の区市町村では、「条例」で定めた場合に設置できる。
○上記の地方公共団体の長は、毎会計年度、包括外部監査契約を一の者と締結しなければならない。この契約の締結に当たっては、地方公共団体の長は、あらかじめ「**監査委員の意見**」を聴くとともに、「**議会の議決**」を経なければならない。
○包括外部監査の始期は、包括外部監査契約で定められ、終期は会計年度の末日とする、「毎会計年度による」契約である。
○包括外部監査契約は、同一の外部監査人と「**連続**」して「**3回まで**」契約ができ、連続して「4回以上」の契約を締結することはできない。
○長は、契約を締結したとき又は契約を解除したときは、直ちに告示しなければならない。
○外部監査人は、財務と経営管理（企業会計）のうち、自治法第2条14項及び15項の趣旨を達成するため「特定の事件」について、毎会計年度「**1回以上**」監査しなければならない。
○外部監査人は、監査委員と「協議」して、関係人の出頭を求め、又は関

【No.082 解説】
1　誤り。包括外部監査の始期は、包括外部監査契約で定められ、終期は会計年度の末日とする、「毎会計年度による」契約である。
2　誤り。包括外部監査契約は、なれ合いを防ぐため、同一の外部監査人との「連続して」3回までの契約とし、4回以上の契約を禁止している。
3　誤り。包括外部監査の実施は、都道府県、指定都市及び中核市においては義務実施とされているが、これは「法律（自治法）に基づく実施」である。「条例を定める必要はない」。
4　正解。
5　誤り。包括外部監査の契約に当たっては、長は、あらかじめ監査委員の意見を「聴くとともに」議会の議決を経て、自治法で定めた外部監査人と契約を結ぶ。

係人について調査し、又は関係人の帳簿、書類その他の記録の提出を求めることができる。
○外部監査人は、監査結果の報告を「契約期間中」に決定し、議会、長、監査委員のほか、関係ある行政機関に提出しなければならない。
○監査委員は、外部監査人からの報告を受けて、これを公表しなければならない。

個別外部監査
○個別外部監査は、すべての地方公共団体において、「条例」で定めることにより、導入することができる。
○個別外部監査契約に基づく外部監査人は、住民、議会及び長が選定した事項について監査を実施することを義務づけられる。
○個別外部監査には、次の5つの形態がある。

①事務監査請求に係る個別外部監査……………………この取扱いは**議会**が決定する。
②長の要求に係る個別外部監査…………………………この取扱いは**議会**が決定する。
③長の要求の財政援助団体監査に係る個別外部監査…この取扱いは**議会**が決定する。
④議会の請求に係る個別外部監査………………………これは、**そのまま外部監査**となる。
⑤住民監査請求に係る個別外部監査……………………この取扱いは**監査委員**が決定する。
○④と⑤は、議会の議決を必要としない。

〔参照条文：法252の36～252の43〕

83 附属機関

【No.083】 附属機関の記述として、妥当なのはどれか。

1 附属機関は、地方公共団体の執行機関に附属する機関であり、条例に根拠がある場合に限り、設置することができる。
2 附属機関を組織する委員その他の構成員は、非常勤であるが、条例によって常勤とし給料を支給することができる。
3 附属機関は、調停、審査、諮問又は調査のために設置される機関であるが、自治紛争処理委員は附属機関ではない。
4 附属機関は、執行機関の執行の前提として、調査、資料等の提供などを行うが、必要に応じて直接住民に対し執行権を有する場合もある。
5 附属機関は、法律又は政令に特別の規定があるものを除き、独自の補助職員を置くことができない。

【No.083 解説】
1　誤り。条例又は「法律」に根拠がある場合に限り、設置することができる。
2　誤り。附属機関を組織する委員その他の構成員は、非常勤である。条例によって常勤とし給料を支給することは「できない」。
3　誤り。自治紛争処理委員も「附属機関である」。
4　誤り。附属機関は、執行機関の執行の前提として、調査、資料等の提供などを行う機関であり、直接住民に対して「執行権を有しない」。
5　正解。

ポイント整理
○附属機関は、執行機関の要請に基づき、その執行機関の前提として必要な調停、審議又は調査などを行うことを目的とする機関である。
(**設置**)附属機関の設置は、必ず「法律又は条例」に基づかなければならない。
　「**法律**」……自治紛争処理委員、防災会議、民生委員推薦会、建築審査会、青少年問題協議会、都市計画審議会などがある。
　「**条例**」……基本計画審議会、情報公開審査会などがある。
(**合議**)　附属機関は「合議制」の機関である。
(**権限**)　附属機関は、執行機関の執行の前提として、調査、資料の提供などを行うものであり「執行権限」を有しない。
(**勤務**)　附属機関を組織する委員その他の構成員は「非常勤」である。
(**庶務**)　附属機関は、原則として、独自の補助職員を置くことができず、その庶務はその属する執行機関が行う。

〔参照条文：法138の4・202の3〕

84　地域自治区

【No.084】　地域自治区の記述として、妥当なのはどれか。

1　地域自治区は、地方分権改革及びその受け皿整備として新しい地域自治の仕組みとして設置され、合併自治体に限り導入できる。
2　地域自治区は、地方分権改革などの一環として導入された制度であり、都道府県及び区市町村にも導入が可能な制度である。
3　地域自治区は、既存の都市にも設置できるが、設置したときには、必ず地域協議会を設置しなければならない。
4　地域自治区は、法人格を有し、自治区単位で事務所が置かれ、その事務所長には職員が充てられる。
5　地域協議会は、長が選任した構成員によって組織され、長の諮問事項に対して意見を述べるにとどまり、長が意見を求めなければならない事項はない。

ポイント整理
●地域自治区の設置
○地域自治区は、市町村合併の受け皿として整備された制度であるが、既存の都市にも導入できる「**一般的な制度**」である。
○区市町村は、「**条例**」で、区域ごとに地域自治区を設置できる。
●事務所の設置

法人格	○地域自治区は、法人格を有しない。
事務所	○地域自治区には、事務所を置くこととし、事務所の位置、名称及び所管区域は、「条例」で定められる。
事務所の長	○事務所の長は、当該団体の補助機関の職員をもって充てられる。

【No.084 解説】
1　誤り。地域自治区は、「合併自治体のみならず、一般的な制度として導入できる」。
2　誤り。地域自治区は、地方分権改革などの一環として導入された制度であるが、「区市町村に限り」導入が可能な制度である。
3　正解。
4　誤り。地域自治区は、「法人格を有しない」が、自治区単位で事務所が置かれ、その事務所長には職員が充てられる。
5　誤り。地域協議会は、長が選任した構成員によって組織され、長の諮問事項に対して意見を述べるほか、区域の決定や変更など重要事項については、長は「意見を求めなければならない」。

●**地域協議会の設置**
○地域自治区を設置したときは、その地域自治区に「**地域協議会**」を置かなければならない。

構成員	○地域協議会の構成員は、地域自治区の区域内に住所を有する者のうちから、区市町村長が選任する。
任　期	○構成員の任期は4年以内で条例で定める期間。再任は可能。
報　酬	○構成員には、報酬を支給しないこととすることができる。

○「地域協議会」の法的性格は、**附属機関**である。

●**地域協議会の権限**
○地域協議会は、区市町村長等の機関により諮問されたもの又は必要と認められるものについて審議し、意見を述べることができる。
○区市町村長は、重要事項であって、地域自治区の区域に係るものを決定・変更するときは、あらかじめ地域協議会の意見を聴かなければならない。

〔参照条文：法202の4・202の5・202の7〕

85　国又は都道府県の関与

【No.085】　国又は都道府県の関与の記述として、妥当なのはどれか。

1　国又は都道府県の関与は、法定主義の原則に基づかなければならず、法律又は地方公共団体の条例に根拠がなければならない。
2　関与の基本的な類型は、自治法に規定されているので、個別法による関与の類型は自治法の規定に従うとされている。
3　国及び都道府県の関与は、公正と透明性を確保するため、行政手続法によらず、自治法の書面主義、処理基準期間などによるとされている。
4　国又は都道府県の関与に際し、各大臣は法定受託事務に係る処理基準を定めることができるが、これは関与の新設となる。
5　自治法を根拠とする関与には、各大臣が担任する特定の分野に行うものと総合的な見地から行うものがあり、前者として、組織及び運営の合理化がある。

ポイント整理
関与に関する原則
[①] **法定主義の原則**＝必ず法律・政令の規定があって**関与できる原則である。**
[②] **一般法主義の原則**＝**自治法の類型・方法**に基づく原則で、**個別法も自治法に従う。**
[③] **公正・透明の原則**＝関与は**行政手続法**の考えに基づく。
[④] **最小限度の原則**＝国（都道府県）の関与は、その目的を達成するために必要な最小限度のものとする原則である。
[⑤] **第三者機関調整の原則**＝国（都道府県）の関与に不服ある者は、第三者調整機関に判断を求めることができる原則である。

自治法を根拠とする関与
○自治法を根拠とする関与には、各大臣が担任する特定分野に行うものと、総合的な見地から行うものがある。

(1)「各大臣が担任する特定分野に行うもの」
○**各大臣**又は**知事その他都道府県の機関**は、「技術的助言・勧告、資料の提出要求」のほか、自治事務については「是正の要求・**是正の勧告**」が、法定受託事務については「是正の指示・代執行」などが認められている。

(2)「総合的な見地から行うもの」
○**総務大臣**又は**知事**には、地方公共団体の**組織及び運営の合理化**を図るた

【No.085 解説】
1　誤り。国又は都道府県の関与は、法律又は「これに基づく政令」に根拠がなければならない(法定主義の原則)。「条例は認められない」。
2　正解。
3　誤り。国及び都道府県の関与は、行政手続法が「適用され」、「行政手続法」の書面主義、処理基準期間などによるとされている。
4　誤り。この処理基準は一般的な基準として定めるものであり、関与の新設とは「ならない」。
5　誤り。自治法を根拠とする関与には、各大臣が担任する特定の分野に行うものと総合的な見地から行うものがあり、前者として、「技術的助言・勧告、資料の提出要求、自治事務についての是正の要求・是正の勧告、法定受託事務についての是正の指示、代執行など」があり、「後者として」組織及び運営の合理化を図るたに、技術的助言・勧告、資料の提出要求がある。

めに「技術的助言・勧告、資料の提出要求」が認められている。
是正の措置要求には、次の３つがある。

	是正の要求	是正の指示	**是正の勧告**
主体	各大臣	各大臣（知事）	都道府県(執行機関)
事務	**自治事務**	法定受託事務	**自治事務**

法定受託事務に係る処理基準
○法定受託事務は、全国規模あるいは都道府県規模の統一性を図ることが公平性、実効性の面から必要な場合には、「処理基準」を定めることができるとされている。
(1) 各大臣は、第一号法定受託事務の処理に関し、処理基準を定め、また都道府県の執行機関が定める処理基準について、必要な指示をすることができる。
(2) 都道府県の執行機関は、市町村の執行機関の法定受託事務の処理について、よるべき基準を定めることができる。
○これらの処理基準は、一般的な基準として定められるものであり、新たな事務の義務づけや協議、承認などの関与を定めることはできない。
(3) 自治事務に処理基準を定める場合は、法律又は政令で定めることとなり、定めがなければ、原則的に地方公共団体の裁量に任される。

〔参照条文：法245の２〜245の９〕

86 関与の基本類型

【No.086】 関与の基本類型の記述として、妥当なのはどれか。

1 是正の勧告は、自治事務に関して及ぶが、この場合、都道府県の執行機関の区市町村に対する関与となる。
2 是正の要求は、自治事務に関して及ぶが、第二号法定受託事務に関しては及ばない。
3 資料の提出の要求は、自治事務及び法定受託事務にも及び、かつ国地方係争処理委員会の審査の対象となる。
4 是正の指示は、法定受託事務に関してのみに及び、自治事務に関してはまったく及ばない。
5 協議は、計画の調和及び施策の調整が必要な場合に限り、自治事務に関して及ぶが、法定受託事務には及ばない。

ポイント整理

	自治事務	法定受託事務
助言・勧告、資料の提出の要求	○可	○可
是正の要求	○可	△制限あり（第二号法定受託事務に限る）
同意、許可・認可・承認	△制限あり	○可
（是正の）**指示**	△制限あり	○可
代執行	△できる限り行わない	○可（法令違反又は管理執行を怠った場合に限る）
協議	△制限あり	△制限あり

○助言・勧告及び資料提出の要求は、自治事務及び法定受託事務にも及ぶ。この二つの関与は、権力的関与に当たらないので、国地方係争処理委員会や自治紛争処理委員の審査の対象とならない。
○是正の要求は、自治事務に及び、法定受託事務には及ばないが、例外として、第二号法定受託事務は都道府県の自治事務なので、是正の要求が

【No.086 解説】
1 正解。(No.085のポイント整理を参照のこと)
2 誤り。是正の要求は、原則として自治事務に関して及ぶが、例外として第二号法定受託事務に限り「及ぶ」。
3 誤り。資料の提出の要求と技術的な助言・勧告は、自治事務及び法定受託事務にも及ぶが、権力的な関与ではないので、国地方係争処理委員会の審査の対象とは「ならない」。
4 誤り。是正の指示は、法定受託事務のみに及び、原則として自治事務には及ばないが、制限があるものの自治事務に関しても「及ぶ場合がある」。
5 誤り。協議は、計画の調和及び施策の調整が必要な場合に限り、「自治事務及び法定受託事務に及ぶ」。

及ぶ場合もある。
○同意・許可・認可・承認は法定受託事務に及び、自治事務には原則及ばない。例外として及ぶ場合でも制限がある。
○是正の指示は、法定受託事務に及び、自治事務には原則及ばない。例外として自治事務の国民の生命・財産の保護のため緊急の必要がある場合に及ぶ場合がある。
○代執行は、原則自治事務に及ばないが、例外として及ぶ場合がある。この場合でもできる限り行わないとしている。代執行は原則法定受託事務に及ぶ。及ぶ場合でも法令違反又は管理・執行を怠った場合に限られる。
○協議は、自治事務及び法定受託事務に及ぶが、この場合でも制限があり、計画の調和及び施策の調整が必要な場合に限られる。

〔参照条文:法245・245の4～245の8〕

87　国地方係争処理委員会

【No.087】　国地方係争処理委員会の記述として、妥当なのはどれか。

1　国地方係争処理委員会は、総務省に設置され、5人の委員で構成され、委員は事件ごとに国会両議院の同意を得て総務大臣から任命される。
2　国地方係争処理委員会は、国の地方公共団体に対する自治事務及び法定受託事務の関与に不服がある場合に当該関与の違法性及び妥当性の審査を行う。
3　国地方係争処理委員会は、国の助言・勧告、是正の要求、許可の拒否その他国の公権力の行使に対し不服があるときに審査の申出を受ける。
4　国地方係争処理委員会は、法令に基づく協議の申出が国の行政庁に対し行われた場合で、当該協議が整わないときに、審査の対象とすることができる。
5　国地方係争処理委員会は、国の関与が違法又は不当である認めるときは、国の行政庁に対し理由及び期間を示して勧告することができる。

ポイント整理
（**構成**）　5人の委員のうち3人が同一の政党その他の政治団体に属してはならないという制限があり、委員は、法に規定されている事由以外には、その意に反して罷免されない身分保障がある。

（**関与審査**）
①是正の要求、許可の拒否その他の処分その他国の公権力の行使に対し、不服があるとき。
○［**自治事務**］に関する国の関与の審査申出は、当該関与の「**違法性**」及び「**妥当（不当）性**」について審査を行い、必要な措置を講ずべきことを勧告する。
○［**法定受託事務**］に関する国の関与が「**違法**」であると認めるときは、当該国の行政庁に対し、必要な措置を講ずべきことを勧告する。
②国の不作為に対して不服があるとき。
○審査の申出に理由があるかどうかについて審査を行い、理由があると

【No.087 解説】
1 誤り。国地方係争処理委員会は、総務省に設置され、5人の委員で構成され、委員は「常設され」、国会両議院の同意を得て総務大臣から任命される。
2 誤り。国地方係争処理委員会は、国の関与に不服がある場合に、「自治事務については当該関与の違法性及び妥当性」について、「法定受託事務については当該関与の違法性についてのみ」審査を行う。
3 誤り。国地方係争処理委員会は、是正の要求、許可の拒否その他国の公権力の行使、国の不作為又は国との協議に対し不服があるときに、審査の申出を受ける。「国の助言・勧告は公権力の行使に該当しない」ので、「国の助言・勧告に不服であっても国地方係争処理委員会の審査の対象とならない」。
4 誤り。国地方係争処理委員会は、法令に基づく協議の申出が国の行政庁に対して行われた場合で、「当該協議について地方公共団体が義務を果たしているにもかかわらず」、当該協議が整わないときに、審査の対象とすることができる。
5 正解。

> 認めるときは、当該国の行政庁に対し、必要な措置を講ずべきことを勧告する。
> **③法令に基づく協議の申し出が国の行政庁に対して行われた場合において、当該協議に係る地方公共団体が義務を果たしたと認めるにもかかわらず、当該協議が整わないとき。**
> ○委員会は、地方公共団体がその義務を果たしているかどうかを審査し、その結果を地方公共団体及び国の行政庁に通知する。
> ○いずれの場合も、勧告は理由を付し、期間を示して行われる。
> ○審査の内容は、審査申し出人に通知し、かつ、これを公表しなければならない。
> (**申出期間**) 国地方係争処理委員に対する申出機関は、国の関与があった日から、30日以内、ただし天災などの理由があるときは、その理由がやんだ日から1週間以内である。
> (**執行停止**) 関与に関する係争処理手続には、執行停止の制度はない。
> (**審査・勧告**) 国地方係争処理委員会の審査及び勧告は、申出があった日から「90日以内」に行わなければならない。

〔参照条文:法250の7・8・9・13・14〕

88 国の関与に関する訴訟の提起

【No.088】 国の関与に関する訴訟の提起の記述として、妥当なのはどれか。

1 国の関与に関する不服が、国地方係争処理委員会に対する審査の申出によっても解決が図られない場合には、地方裁判所に訴訟を提起できる。
2 国の関与に関し不服があり、かつ迅速の解決を必要とするときは、国地方係争処理委員会の申出を経ずとも、訴訟を提起することができる。
3 国の関与に不服があり、かつ国地方係争処理委員会の審査でも解決しないときは、地方公共団体の長等は、国の行政庁を被告として訴訟を提起できる。
4 国の関与に関する訴訟の提起は、国の違法又は不当な関与又は不作為であり、最終的に司法的な解決が図られる。
5 国が地方公共団体に対し是正の要求などをした場合に、国の要求に応じないときは、国は地方公共団体の不作為の違法確認訴訟を提起できる。

ポイント整理
○地方公共団体の長等は、国地方係争処理委員会に審査の申し出をした場合には、国の関与を行った**行政庁を被告**として、不服の訴えを提起することができる。被告とすべき行政庁がないときは、**国を被告**として提起しなければならない。

【不服の訴え】
（1）委員会の**審査結果又は勧告に不服**があるとき。
（2）委員会の**勧告に対する行政庁の措置に不服**があるとき。
（3）委員会が審査請求から **90 日を経過しても審査又は勧告を行わない**とき。
（4）行政庁が**勧告に対する措置を講じない**とき。
○上記４つの場合に、「**違法な**」関与又は不作為について、訴訟を提起できる。

【No.088 解説】
1　誤り。「高等裁判所」に訴訟を提起できる。
2　誤り。国地方係争処理委員会の申出を前置とされているので、「委員会の審査の申出を経ずに」、訴訟を提起することは「できない」。
3　正解。
4　誤り。国の関与に関する訴訟の提起は、国の「不当な」関与ではなく「違法な」関与又は不作為であり、最終的に司法的な解決が図られる。
5　誤り。国が地方公共団体に対し是正の要求などをした場合に、地方公共団体が国の要求に応じず、「かつ国地方係争処理委員会への審査の申出をしないとき」は、国は地方公共団体の不作為の違法確認訴訟を提起できる。

【前置主義】訴訟は、国地方係争処理委員会による簡易手続で迅速な解決が図られるべきことから、審査の申出（**審査の申出前置主義**）を出訴の要件としている。
○訴訟の提起は、国の関与の相手方となった地方公共団体の区域を管轄する「高等裁判所」に提起できる。
国等による違法確認訴訟
○国又は都道府県が是正の要求等をした場合に、「地方公共団体がこれに応じた措置を講じず」、かつ「国地方係争処理委員会への審査の申し出もしないとき」等に、国は地方公共団体の不作為の違法確認訴訟を提起することができる。

〔参照条文：法 251 の 5・251 の 7〕

89 自治紛争処理委員

【No.089】 自治紛争処理委員の記述として、妥当なのはどれか。

1 自治紛争処理委員は、常設の制度であり、委員は3人とする附属機関として位置づけされている。
2 自治紛争処理委員は、事件に対し優れた識見を有する者のうちから、都道府県知事が任命する。
3 自治紛争処理委員は、地方公共団体に対する国又は都道府県の関与のうち、都道府県の機関が行うものに関する事件に限り、審査する権限を有する。
4 自治紛争処理委員の審査は、区市町村に対する都道府県の関与のうち是正の要求のほか、不作為、協議が対象となる。
5 自治紛争処理委員の審査後に、なお不服がある区市町村は訴訟を提起することができるが、逆に都道府県が訴訟を提起することは認められていない。

ポイント整理
①**組織** 地方公共団体相互間又は地方公共団体の機関相互間の紛争を解決するため、自治紛争処理委員による「調停制度」、「審理制度」、都道府県の関与に不服がある場合の「勧告制度」がある。
(**任命**) 都道府県が当事者となる調停、関与は「**総務大臣**」が委員を任命し、その他は「**都道府県知事**」が委員を任命する。
○任命の場合、総務大臣又は知事は、あらかじめ当該事件に関係のある事務を担当する各大臣又は都道府県の委員会若しくは委員に「協議」しなければならない。
(**失職**) 委員は、事件が終了したときに失職する。また事件の取下げがあったときや事件の調停を打ち切ったときに失職する、いわゆる臨時の「**附属機関**」である。
(**罷免**) 委員は、当該事件に直接利害関係があるとき、破産宣告又は禁錮以上の刑に処せられたとき、職務上の義務に違反又は非行があるときに罷免される。
(**政党**) 委員は、3人中2人が同一政党に所属することができない。
(**守秘**) 委員は、退いた後も守秘義務がある。
②**権限** 「**調停制度**」…自治体間の紛争について調停する。

【No.089 解説】
1　誤り。自治紛争処理委員は、委員３人の「事件ごとに設置される」臨時の附属機関として位置づけられている。
2　誤り。自治紛争処理委員は、事件に対し優れた識見を有する者のうちから、「当該都道府県に関係する事件の場合は総務大臣」が、「当該都道府県に関係しない事件の場合」は都道府県知事が任命する。
3　誤り。自治紛争処理委員は、地方公共団体に対する国又は都道府県の関与のうち、都道府県の機関が行うものに関する事件の「審査に限らず」、「調停」及び「審理」も担当する。
4　正解。
5　誤り。自治紛争処理委員の審査後に、都道府県が区市町村の不作為に対し「訴訟を提起することも可能」となっている。

「**審理制度**」…審査請求などを審理する。
「**勧告制度**」…都道府県の関与に不服ある場合に、審査し勧告する。
○下図は、都道府県の「**関与**」による「**勧告制度**」の流れである。
○手続などについては、国地方係争処理委員会と同様である。

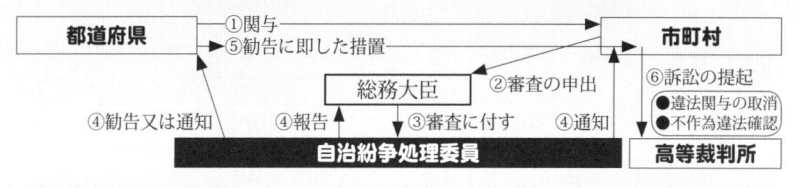

```
  都道府県 ──①関与────────────→ 市町村
          ←⑤勧告に即した措置──
                  総務大臣    ②審査の申出    ⑥訴訟の提起
                                            ●違法関与の取消
  ④勧告又は通知  ④報告  ③審査に付す  ⑦通知  ●不作為違法確認
          自治紛争処理委員              高等裁判所
```

○審査は、都道府県の関与のうち是正の要求、許可の拒否その他の処分その他公権力の行使に当たるもの（代執行を除く）のほか、不作為、協議が対象となる。
①総務大臣は、区市町村長などから都道府県の関与に不服ある旨の届け出を受けたときは、自治紛争処理委員を任命し、事件の審査に付する。
②当該委員の審査対象、審査手続、勧告の要件及び効果は、「国地方係争処理委員会」と同様である。③審査決定などは、当該委員の合議による。
③訴訟の提起　審査の申出をした区市町村等は、国地方係争処理手続の場合に準じて、都道府県の行政庁を被告として訴えをもって「違法な都道府県の関与の**取消し**」又は「都道府県の**不作為の違法確認**」を求めることができる。
○都道府県が、区市町村の不作為に対し訴訟を提起できる制度が新設されている。

〔参照条文：法251・252〕

90 地方公共団体相互の協力関係

【No.090】 地方公共団体相互の協力関係の記述として、妥当なのはどれか。

1 機関及び職員の共同設置は、行政委員会、附属機関のみならず議会事務局の共同設置も可能であり、設置された機関はそれぞれの地方公共団体の機関等の性格を有し、その行為はそれぞれの地方公共団体に帰属する。
2 協議会は、地方公共団体の事務の一部を共同して処理するため協議により規約を定めて設置できるが、連絡調整を図る協議会であっても協議には議会の議決が必要である。
3 協議会が関係地方公共団体又は長等の執行機関の名において行った事務の管理及び執行は、協議会が管理及び執行したものとして効力を有する。
4 事務の委託は、事務の一部を他の地方公共団体に委託して、当該地方公共団体の長等をして管理執行させる方式であり、管理執行に関する法令は委託団体に適用されない。
5 職員の派遣は、当該地方公共団体の事務処理のために特別の必要があるときに、職員の派遣を求めることができるが、この権限は、地方公共団体の長に専属している。

ポイント整理
協議会

○地方公共団体は、**事務の一部を共同処理**するために、協議により規約を定め、地方公共団体の協議会を設けることができる。協議会には、次の3つの種類がある。

- **①管理執行協議会** 事務の一部を共同して管理執行する。
- **②連絡調整協議会** 事務の管理執行について連絡調整を図る。
- **③計画協議会** 広域にわたる総合的な計画を共同して作成する。

○連絡調整の協議会を除き、関係団体の「議会の議決」を経なければならない。
○協議会が、関係地方公共団体又は長等の執行機関の名において行った管理及び執行は、その地方公共団体の長等が管理及び執行したものとして効力を有する。

【No.090 解説】
1　正解。
2　誤り。連絡調整を図る協議会の協議には議会の議決は必要でない。
3　誤り。協議会が関係地方公共団体又は長等の執行機関の名において行った事務の管理及び執行は、「その地方公共団体の長等の執行機関」が管理及び執行したものとして効力を有する。
4　誤り。管理執行に関する法令は委託団体に「適用される」。
5　誤り。職員の派遣を求める権限は、地方公共団体の長「及び行政委員会」が有している。

機関及び職員の共同設置
○地方公共団体は、協議により**規約を定め**、委員会若しくは委員、附属機関、補助機関、議会事務局などを共同して設置することができる。
○共同設置された機関は、それぞれの地方公共団体の機関としての性格を有し、その行為は、それぞれの地方公共団体に帰属する。
○共同設置は、公安委員会のみが認められていない。
○機関等の共同設置には、関係団体の「**議会の議決**」を経なければならない。
○共同設置から脱退する地方公共団体は、当該議会の議決を経て脱退する日の２年前までに他のすべての関係地方公共団体に書面で通告する必要がある。

事務の委託
○地方公共団体は、協議により規約を定め、団体の事務の一部を他の地方公共団体に委託して、当該地方公共団体の長などをして管理執行させることができる。
○受託団体は、受託事務の範囲で自己の名と責任で処理し、委託団体は、委託の範囲でその権限がなくなる。
○当該事務の管理執行に関する法令等については、委託した地方公共団体に適用されるものが委託を受けた地方公共団体に適用され、管理執行に関する条例及び規則等の規定は、委託した団体の規定としての効力を有する。

職員の派遣
○職員の派遣は、執行機関の間であれば、都道府県と市町村の間であると、都道府県相互間又は市町村相互間であるとを問わない。また特別区及び地方公共団体の組合にも準用される。
○派遣される職員は、派遣を受けた団体の職員の身分を併せ持つ。したがって身分取扱は、原則として派遣した団体の法令の適用を受ける。

〔参照条文：法 252 の 2・5・7・6 の 2・14・16・17〕

91　特別区の制度

【No.091】　特別区の制度の記述として、妥当なのはどれか。

1　特別区とは、都の区をいう。東京都は一般的な制度ではないから、特別法がなければ、東京都以外に特別区を設置することはできない。
2　特別区は、特別地方公共団体であり、基礎的な地方公共団体ではないが、市が処理する事務のうち法令で都が処理するものを除く事務を処理する。
3　特別区は、基礎的な地方公共団体として、原則として、市町村に関する地方自治法の規定が適用される。
4　特別区は、特別地方公共団体として法人格は認められていないが、基礎的な地方公共団体として位置づけられている。
5　特別区は、市町村と同様に、都と区との関係において、都に対し特別区優先の原則を一義的に負う自治体とされている。

【No.091 解説】
1 誤り。特別区とは、都の区をいう。東京都は「一般的な制度である」から、「特別法がなくても」、東京都以外で特別区を設置することは「あり得る」。
2 誤り。特別区は、特別地方公共団体であるが、特別区の存する区域における「基礎的な地方公共団体として」、市が処理する事務のうち法令で都が処理するものを除く事務を処理する。
3 誤り。特別区は、基礎的な地方公共団体として、原則として、「市」に関する地方自治法の規定が適用される。
4 誤り。特別区は、特別地方公共団体として法人格が「認められ」、基礎的な地方公共団体として位置づけられている。
5 正解。

ポイント整理
○特別区とは、**都の区**をいう。都は一般的な制度である。
○特別区は、都に包括された区で「**大都市行政の一体性**」を確保する見地からつくられた。
○現在、都は東京都だけであり東京都にある 23 区が特別区とされている。
○特別区は、特別区の存する区域における「**基礎的な地方公共団体**」と位置づけられている。
〔**特別区の事務**〕特別区は、都が処理する事務を除き、一般的に**「市」が処理する事務**を処理する。
〔**都と区の事務の関係**〕東京都と特別区との事務の関係でみれば、**特別区**は「基礎的な地方公共団体」として特別区に存する区域を通じて都が一体的に処理するものを除き、一般的に自治法第 2 条③において「**市町村**」が処理するとされている事務を処理する。
○都と特別区間の事務の関係には、「**特別区優先の原則**」が成り立つ。
〔**特別区の規定**〕特別区は、法令で都が処理すると定められたものを除き、原則として、**「市」に関する規定が適用**される。

〔参照条文：法 281・281 の 2・283〕

92 特別区の処理する事務

【No.092】 特別区の処理する事務の記述として、妥当なのはどれか。

1 特別区が処理する事務は、地域の事務並びに法令により市が処理するもの及び法令により特別区が処理するものを処理し、市と同格である。
2 特別区が処理する事務は、原則として市が処理する事務を処理するが、市の事務でも都が処理するものを除く点で市と異なるが、都との間で事務が競合しないことは市と同様である。
3 特別区と都の役割分担の原則では、特別区は基礎的な地方公共団体として、都が処理するとされている事務以外の市の事務を処理する。
4 特別区と都の役割分担の原則では、都道府県と市町村の間における事務の役割分担に関する市町村優先の原則は、都と特別区の間に及ばない。
5 特別区が処理する事務は、都が大都市行政を一体的に処理する事務が除かれるが、その大都市行政の事務には、消防事務、感染症事務、清掃事務などがある。

ポイント整理

事務	特別区の処理する事務
	●特別区は「**市**」の事務を処理する。ただし都が処理する事務を除く。 ○特別区は、都が処理する事務を除き、地域事務、法令等で市が処理する事務及び法令等により特別区が処理するとされている事務を処理する。
	都と特別区との間の役割分担の原則
	●特別区は「**市町村**」の事務を処理する。ただし都が処理する事務を除く。 ○都と特別区との間では、都は①広域事務、②連絡調整事務、③規模又は性質の事務を分担し、特別区は「基礎的な地方公共団体」としての事務を処理する。

○特別区の事務は、「特別区の処理する事務」と「都と特別区との間の役割分担からみる事務」とでは、若干内容が異なる。
○**特別区の処理する事務でみた場合、特別区は**「市」の事務を処理する。ただし都が処理する事務（大都市行政事務）は除かれるとしている。
○大都市行政の事務には、消防事務、感染症事務、上下水道事務、都市計

【No.092 解説】
1 誤り。特別区は市と同格では「ない」。
2 正解。
3 誤り。特別区と都の役割分担の原則では、都が処理するとされている事務以外の「市町村」の事務を処理する。
4 誤り。都道府県と市町村の間の市町村優先の原則と「同様」に、都と特別区の間に「特別区優先の原則」が成立する。
5 誤り。都が処理する大都市行政の事務には、消防事務、感染症事務、上下水道事務、都市計画法に基づく事務などがある。「清掃事務はすでに特別区に移管されている」。

画法に基づく事務などがある。
○**都と特別区との間の役割分担からみる事務**は、都道府県と市町村の関係と同様であり、基礎的な地方公共団体として、特別区は「**市町村**」の事務を処理する関係に立つ。

①**都の事務**
○都は、広域の地方公共団体として、次の3事務を処理する。
[1] **広域**にわたる事務
[2] 市町村に関する**連絡調整**に関する事務
[3] その**規模又は性質**において市町村が処理することが適当でない事務を処理する。

②**区の事務**
○区は、都が処理する事務（上記の3事務）を除いた事務を処理する。
○区は、都の事務以外を処理できることから、特別区にも、市町村優先の原則と同様に、「**特別区優先の原則**」が働く。
○区は、法令等で都が処理するものを除き、**地域における事務**、並びに法令等で**市が処理する事務**、及び法令等により**特別区が処理**するとされている事務を処理する。この限りにおいては、特別区が処理する事務は「市」が処理する事務と同様である。ただし特別区は、市の事務であっても都が大都市行政として処理する事務は除かれる。この点が市と異なる。
○区の事務処理に当たって都との間で事務を競合しないことなどは、市と同様である。

〔参照条文：法281・281の2〕

93　都と特別区及び特別区相互の間

【No.093】　都と特別区及び特別区相互の間の記述として、妥当なのはどれか。

1　都知事は、特別区の事務の処理について、その処理基準を示すなど必要な助言又は勧告をすることができる。
2　都は、都と特別区及び特別区相互間の財源調整のために、法律に基づき、特別区に対し、特別区財政調整交付金を交付する。
3　都と特別区の共通財源は、特別区が課する市町村民税、固定資産税、特別土地保有税の３税としている。
4　都と特別区及び特別区相互間の連絡調整を図るため、都区協議会を設置することが都条例で定められている。
5　都と特別区及び特別区相互間の調整を図る都区協議会は、連絡調整の機関であり、意見聴取の機関ではない。

ポイント整理
都と特別区及び特別区相互の間
○特別区は、行政の一体化、統一性の確保の必要性から、都と特別区間及び特別区相互の間には、一般的な都道府県と区市町村との関係のほか、次の調整措置が定められている。

助言・勧告
○都知事は、特別区に対し、都と特別区及び特別区相互の間の調整上、特別区の事務処理について、その**処理の基準を示す**など、必要な助言又は勧告をすることができる。

特別区財政調整交付金
○都区財政調整制度は、大都市行政事務を都と特別区が分担する財源を調整するなどの制度である。
○都は、都と特別区及び特別区相互間の財源の均衡化を図り特別区の行政の自主的かつ計画的な運営を確保するため、「**都条例**」で特別区に対し**特別区財政調整交付金**を交付する。
○特別区財政調整交付金は、**都が課する、「市町村民税法人分」「固定資産税」「特別土地保有税」**の３税を調整財源とする。

【No.093 解説】
1 正解。
2 誤り。都は、都と特別区及び特別区相互間の財源調整のために、「都条例」に基づき、特別区に対し、特別区財政調整交付金を交付する。
3 誤り。都と特別区の共通財源は、「都」が課する市町村民税「法人分」、固定資産税、特別土地保有税の3税としている。
4 誤り。都と特別区及び特別区相互間の連絡調整を図るため、都区協議会を設置することが「自治法」で定められている。
5 誤り。都と特別区及び特別区相互間の調整を図る都区協議会は、連絡調整の機関であるが、「特別区財政調整交付金に関する条例を制定するときは都区協議会の意見を聴く」こととされているので、「意見聴取の機関でもある」。

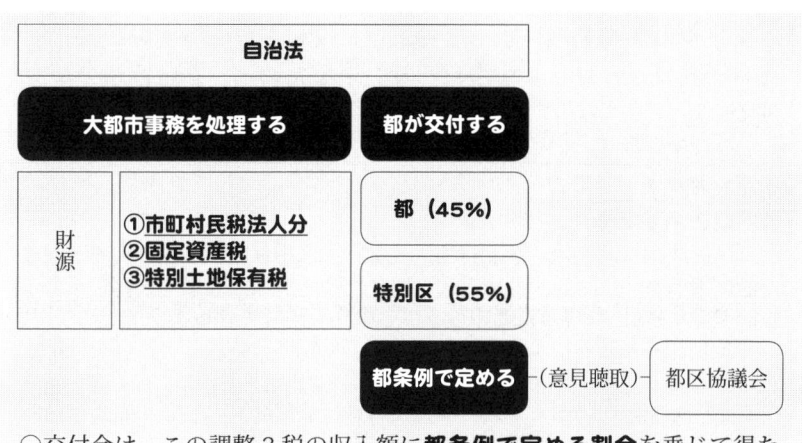

```
                        自治法

  大都市事務を処理する        都が交付する

         ①市町村民税法人分       都（45%）
  財源   ②固定資産税
         ③特別土地保有税        特別区（55%）

                    都条例で定める ―(意見聴取)― 都区協議会
```

○交付金は、この調整3税の収入額に**都条例で定める割合**を乗じて得た額で、都が交付することが、「**法定化**」されている。
○調整3税の収入額を配分する都条例を定めるときには、「都区協議会」の意見を聴くことになっている。
○交付金は、平成25年度現在、「都が45%」、「特別区全体が55%」で配分することになっている。各区は、特別区全体の額を交付基準により交付を受ける。

〔参照条文：法281の6・282・282の2〕

94 都区財政調整制度

【No.094】 都区財政調整制度の記述として、妥当なのはどれか。

1 都区財政調整制度は、都と特別区との間の垂直的な財源配分機能と特別区相互間の水平的な財源配分機能の2つの機能を有している。
2 都区財政調整制度におけるその財源は、市町村民税個人分、固定資産税及び特別土地保有税の3税とされている。
3 都区財政調整制度では、基準財政需要額が基準財政収入額を超えるときに特別区財政調整交付金が交付されるが、その逆の場合は、その差額を納付しなければならない。
4 都区財政調整制度は、調整3税を財源とすることが法定されているが、都と特別区の配分割合は都条例で定められ、特別区の割合は55%とされている。
5 都区財政調整制度によって特別区に交付される特別財政調整交付金は、特別区がひとしく事務を遂行するために、都区協議会が交付する。

ポイント整理
都区財政調整制度
○都区財政調整制度は、都と特別区及び特別区相互間の財源の均衡を図る制度である。
○制度は「特別区が等しくその行うべき事務を遂行できるように」、都が「政令で定めるところにより『都条例』で、特別区財政調整交付金を交付する」こととされ、都条例では、「配分割合」も定められる。
○都条例の制定に当たっては、事前に「都区協議会」の意見を聴かなければならない。
○交付金の財源は、「固定資産税」「市町村民税法人分」「特別土地保有税」のいわゆる調整三税の一定割合とすることが法律上明記(調整三税の法定化)されている。(なお、特別土地保有税は平成15年度から課税停止となっている。)
○財源の調整では、「納付金制度」と「総額補てん制度」は廃止されている。また都と特別区相互間の「垂直調整」も廃止され、現在は特別区相互間における「水平調整」のみが残っている。

【No.094 解説】
1　誤り。都区財政調整制度は、都と特別区との間の垂直的な財源配分機能は「なくなり」、現在は特別区相互間の水平的な財源配分機能を有している。
2　誤り。都区財政調整制度におけるその財源は、市町村民税「法人分」、固定資産税及び特別土地保有税の3税とされている。
3　誤り。都区財政調整制度では、基準財政需要額が基準財政収入額を超えるときに特別区財政調整交付金が交付されるが、その逆の場合は、その差額を「納付する必要はなく」、当該区の財源となる。
4　正解。
5　誤り。都区財政調整制度によって特別区に交付される特別財政調整交付金は、特別区がひとしく事務を遂行するために、「都」が交付する。

○調整財源不足で、基準財政需要額が基準財政収入額を超える場合には、各特別区の基準財政需要額を一律に減額する調整方式が取られる。
○都が条例に基づき交付金を交付したときは、交付後速やかに、特別区ごとの交付金の金額、基準財政需要額及び基準財政収入額の算定方法その他交付金に関する事項を総務大臣に報告しなければならない。
○総務大臣は、必要があると認めるときは、「特別区財政調整交付金」に関する事項について必要な助言又は勧告をすることができる。

交付金の種類
○交付金には、「普通交付金」と「特別交付金」がある。
○普通交付金は、基準財政需要額が基準財政収入額を超える特別区に対し、その財源不足額を補てんするために交付される。
○普通交付金の総額は、交付金総額の「100分の95」に相当する額である。
○特別交付金は、普通交付金の額の算定後に生じた災害等のため特別の財政需要がある場合等、特別の事情があると認められる場合に、当該特別区に交付される。
○特別交付金の総額は、交付金総額の「100分の5」に相当する額である。
○基準財政収入額は、地方交付税制度に準じた制度で、収入見込額の「85%」で算定されている。

〔参照条文：法282〕

95 都区協議会

【No.095】 都区協議会の記述として、妥当なのはどれか。

1 都区協議会は、都の補助機関として、地方自治法に基づき必ず置かなければならない機関である。
2 都区協議会は、都及び特別区の事務処理について、都と特別区間の機関であり、特別区相互間の機関ではない。
3 都区協議会は、都及び特別区の共同の連絡調整機関として位置づけされており、意見聴取の機関ではない。
4 都区協議会は、都知事及び都側7人の計8人と、区長の代表8人の合計16人で構成されるが、区側の委員に限り任期がある。
5 都区協議会は、都及び特別区をもって設置される協議会であり、この協議会の会長は都知事とされている。

【No.095 解説】
1 誤り。都区協議会は、「都の補助機関ではない」。だが地方自治法に基づき必ず置かなければならない機関である。
2 誤り。都区協議会は、都及び特別区の事務処理について、都と特別区間及び「特別区相互間の機関でもある」。
3 誤り。都区協議会は、主に都及び特別区の共同の連絡調整機関として位置づけされているが、「意見聴取の機関でもある」。知事は特別区財政調整交付金の条例を制定するときは、都区協議会の意見を聴かなければならないとされている。
4 正解。
5 誤り。都区協議会は、都及び特別区をもって設置される協議会であり、「会長は委員の互選」によって決められる。

ポイント整理
○都区協議会は、都及び特別区の事務処理について、都と特別区及び特別区相互間の「連絡調整」を図るため、都及び特別区をもって設置される協議会である。
○都区協議会は、自治法に基づく必置の機関である。
○都区協議会の性格は、次のとおりである。
①都区協議会は、主として「**連絡調整**」を図る機関である。都区の事務処理の意思決定機関ではなく、また執行権をもたない機関である。
②**例外的に**、都知事は、特別区財政調整交付金の条例を制定する場合に限り、都区協議会の意見を聴かなければならないとされているので、「**意見聴取**」の機関を負っている。
○都区協議会は、都知事及び都側7人の計8人と、区側（特別区長の代表）8人の合計16人の委員をもって構成される。このうち、特別区長の委員の任期は2年である。
○都区協議会の会長は、委員の互選によって決められる。

〔参照条文：法282の2・令210の16〕

96　東京都以外の特別区

【No.096】　東京都以外の特別区の記述として、妥当なのはどれか。

1　東京都以外の特別区は、自治法に基づき、同一道府県内の関係市町村の総人口が 200 万以上の指定都市等に設置される特別区である。
2　東京都以外の特別区の設置は、指定都市単独ではなく、指定都市と隣接する市町村域を合わせた総人口 200 万以上が条件となっている。
3　東京都以外の特別区を設置する際には、関係市町村及び道府県の議決を経た特別区設置協議会を設置することが要件となっている。
4　東京都以外の特別区の設置では、関係団体が名称、区域、議員定数、道府県との事務分担及び財源配分等の特別区設置協定を作成する。
5　東京都以外の特別区の設置には、関係市町村の住民投票が必要であり、過半数の賛成があれば成立し、その時点で総務大臣が告示する。

ポイント整理
○特別区は、都における区をさす。都は特別な都ではなく一般的な都であるから、大阪府が大阪都となれば、その都に置かれる区は特別区となる。
○自治法では、都の 23 区以外に、東京都内に特別区を設置できる規定を置いているが、それ以外の都市は都にならない限り、特別区の設置は不可能である。
○今般、自治法によらず、特別法の制定により、**「東京都以外の特別区」の設置**が可能となった。
○**大都市地域における特別区の設置に関する法律**は、道府県の区域内において関係市町村を廃止し、特別区を設けるための手続のほか、特別区と道府県の事務分担、税源の配分及び財政の調整に関する意見の申出に係る措置について定め、地域の実情に応じた大都市制度の特例を設けることを目的としている。
●特別区の設置が可能な市町村は、「人口 200 万以上の指定都市」又は「それと隣接する市町村を合わせた総人口が 200 万以上のもの」の場合である。
●特別区の設置を申請する関係団体は、関係団体の議会で議決を経た後、**「特別区設置協議会」を設置**しなければならない。
○特別区設置協議会の会長及び委員は、規約の定めるところにより、関係市町村若しくは関係道府県の議会の議員若しくは長その他の職員又は学

【No.096 解説】
1 誤り。東京都以外の特別区は、「大都市地域における特別区の設置に関する法律」に基づき、同一道府県内の関係市町村の総人口200万以上の指定都市等に設置される特別区である。
2 誤り。東京都以外の特別区の設置は、「指定都市単独」でも可能。
3 正解。
4 誤り。東京都以外の特別区の設置では、関係団体ではなく「特別区設置協議会」が特別区設置協定を作成する。
5 誤り。東京都以外の特別区の設置には、関係市町村の住民投票が必要であり、過半数の賛成があれば「総務大臣に申請できる」。申請が認められれば総務大臣が告示する。

　識経験を有する者の中から、選任される。
○特別区設置協議会は、特別区の設置日、名称、区域、財産処分、議員定数、事務分担、税源配分、財政調整、職員の移管などの事項を定めた特別区設置協定書を作成しなければならない。
○特別区設置協議会は、特別区設置協定書を作成したときには、これを全ての関係市町村長及び関係道府県知事に送付しなければならない。
○関係市町村長及び関係道府県知事は、特別区設置協定書の送付を受けたときは、総務大臣の意見を添えて、当該特別区設置協定書を速やかにそれぞれの議会に付議し、その承認を求めなければならない。
●関係市町村の選挙管理委員会は、基準日から「60日以内」に、特別区の設置について選挙人の投票に付さなければならない。
○関係市町村及び関係道府県は、全ての関係市町村の選挙人の投票において、それぞれの**「有効投票の総数の過半数」の賛成**があったときは、共同して、総務大臣に対し、特別区の設置を申請することができる。ただし指定都市以外の関係市町村にあっては、当該関係市町村に隣接する指定都市が特別区の設置を申請する場合でなければ当該申請を行うことができない。
●特別区の設置は、関係団体の共同申請に基づき総務大臣が定める。**総務大臣の告示によりその効力が生ずる。**
○特別区を包括する道府県は、**自治法その他の法令の適用**については、法律又はこれに基づく政令に特別の定めがあるものを除くほか、都とみなされる。

〔参照条文：特別区法2・4・5・6・7・8〕

97 地方公共団体の組合

【No.097】 地方公共団体の組合の記述として、妥当なのはどれか。

1 地方公共団体の組合の設立には、関係地方公共団体が協議して規約を定めなければならないが、総務大臣又は都道府県知事の許可まで必要としない。
2 地方公共団体の組合は、特別地方公共団体として法人格を有しないが、自らの名と責任において規約に定める共同事務を執行する。
3 地方公共団体の組合を設立した関係地方公共団体は、以後、共同処理することとなった事務に関しては権能を持たないことになる。
4 地方公共団体の組合が共同処理することができる事務は、自治事務に限られ、法定受託事務を除く地方公共団体が処理する一切の事務である。
5 地方公共団体の組合の運営については、都道府県又は市町村に関する規定が包括的に準用されない。

ポイント整理
○地方公共団体の組合には、「一部事務組合」と「広域連合」がある。

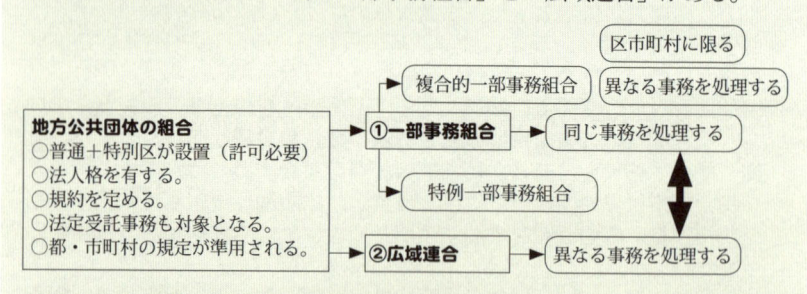

地方公共団体の組合
- 普通+特別区が設置（許可必要）
- 法人格を有する。
- 規約を定める。
- 法定受託事務も対象となる。
- 都・市町村の規定が準用される。

① 一部事務組合
- 複合的一部事務組合 → 区市町村に限る／異なる事務を処理する
- 同じ事務を処理する
- 特例一部事務組合

② 広域連合 → 異なる事務を処理する

○地方公共団体の組合は、複数の地方公共団体が共同して、自治事務や法定受託事務のうち、特定の事務を管理し、執行するためにつくられる。
○設置するときは、関係団体の協議により規約を定める。
○協議には関係団体の議会の議決が必要である。
○地方公共団体の組合の設置には、総務大臣又は都道府県知事の許可が必要である。

【No.097 解説】
1　誤り。地方公共団体の組合の設立には、関係地方公共団体が協議して規約を定め、総務大臣又は都道府県知事の「許可を得なければならない」。
2　誤り。地方公共団体の組合は、特別地方公共団体として「1つの法人格」を有する。
3　正解。
4　誤り。地方公共団体の組合が共同処理することができる事務は、自治事務に「限られず」、法定受託事務を「含む」地方公共団体が処理する一切の事務である。
5　誤り。地方公共団体の組合の運営については、都道府県又は市町村に関する規定が包括的に「準用される」。

○一部事務組合には、複合一部事務組合と特例一部事務組合がある。
○地方公共団体の組合は、都道府県間又は区市町村間のほか、都道府県と区市町村間でも設置できる。
○地方公共団体の組合には、都道府県・市町村の規定が準用される。
○地方公共団体の組合を設立した関係地方公共団体は、以後、共同処理することとなった事務に関しては権能を持たないことになる。
○一部事務組合と広域連合に関する一覧

一部事務組合	【法人格を有する】	広域連合
普通＋特別区	設置	左と同じ
都道府県が加入は総務大臣、その他は知事の「設置許可」		左と同じ
必置	組織（議会及び執行機関）	左と同じ
規約に任されている。間接選挙を想定	（選挙）	直接選挙・間接選挙の選択
共通事務	事務（法定受託事務含む）	●異なる事務 ●事務の拡大を請求できる
できない	直接請求	できる
できる	住民監査請求	左と同じ

〔参照条文：法 284・285・287 の 2・290〕

98　一部事務組合

【No.098】　一部事務組合の記述として、妥当なのはどれか。

1　一部事務組合が共同により処理する事務は、同一事務とされており、同一でない事務を処理することは一切できない。
2　一部事務組合から脱退を希望する団体は、脱退する日の2年前までに構成団体の他の団体に書面で予告すれば、脱退することができる。
3　一部事務組合には、議決機関と執行機関を置かなければならず、当該一部事務組合の議会を構成団体の議会をもって組織することは認められない。
4　一部事務組合には、自治法が定める執行機関の多元主義が採用されないから、監査委員や公平委員会の設置義務はない。
5　一部事務組合の議員、管理者その他の職員は、組合を構成する地方公共団体の議会の議員又は長その他の職員と兼務することができない。

ポイント整理
(**設置**) 一部事務組合は、普通地方公共団体及び特別区がその事務の一部を共同処理するために設けるものである。一部事務組合は、都道府県及び市町村と縦断的に、また市町村と横断的に設置できる。
(**許可**) 一部事務組合の設立には、協議により規約を定め、都道府県が加入するものは総務大臣、その他は知事の「許可」を得なければならない。なお、構成団体の「増減」、共同処理する「事務の変更」、「規約の変更」及び「解散」の場合も、「許可」を得なければならない。
(**設置の勧告**) 知事は、公益上必要があるときは、一部事務組合を設置することを市町村及び特別区に対し「勧告」することができる。
(**法人格**) 一部事務組合は、地方公共団体の協議会と異にし、「法人格」を有する。
(**規約**) 一部事務組合は、規約で定められ、規約には関係議会の議決を要する。
(**事務**) 一部事務組合が共同処理される事務は、「同一事務」に限られる。ただし市町村及び特別区に限り、同一でない事務を処理する「**複合的一部事務組合**」を設置できる。複合的一部事務組合は、一部事務組合の一つである。
(**議会と執行機関**) 一部事務組合には、「議会と執行機関」が置かれる。
○議員の選出方法は、間接選挙によるが規約で定めれば直接選挙も可能である。
○間接選挙を想定して、一部事務組合の議会の議員は、組織する地方公共

【No.098 解説】
1　誤り。例外として「同一でない事務を処理する複合的一部事務組合を設置できる」。ただし複合的一部事務組合は、市町村及び特別区に限られている。
2　正解。（法改正により、全体の同意がなくても脱退できるようになった）
3　誤り。一部事務組合には、当該一部事務組合の議会を構成団体の議会をもって組織する「特例一部事務組合が認められている」。
4　誤り。一部事務組合には、自治法が定める執行機関の多元主義が「採用される」から、監査委員や公平委員会の設置義務が「ある」。
5　誤り。一部事務組合の議員、管理者その他の職員は、組合を構成する地方公共団体の議会の議員又は長その他の職員と兼務することが「できる」。

　団体の議会の議員と兼ねることができる例外規定がある。
○執行機関として、「管理者」が置かれる。
（**多元主義**）一部事務組合は、地方自治法が多元主義を採用していることから、「監査委員」や「公平委員会」を規約で必ず設置しなければならない。
（**兼務**）一部事務組合の議員、管理者その他の職員は、組合を構成する地方公共団体の議会の議員又は地方公共団体の長その他の職員と兼務することができる。
（**脱退**）一部事務組合から脱退する地方公共団体は、当該議会の議決を経て脱退する日の２年前までに他のすべての関係地方公共団体に書面で通告する必要がある。

〔**特例一部事務組合**〕
○特例一部事務組合とは、一部事務組合が、規約で定めるところにより、当該一部事務組合の議会を構成団体の議会をもって組織する形態をいう。
○特例一部事務組合の管理者は、法令の規定により一部事務組合の管理者が一部事務組合の議会に付議することとされている事件があるときは、構成団体の長を通じて当該事件に係る議案を全ての構成団体の議会に提出しなければならない。
○特例一部事務組合の議会の議決は、当該議会を組織する構成団体の議会の一致する議決によらなければならない。
○特例一部事務組合にあっては、法令の規定による一部事務組合の監査委員の事務は、規約で定める構成団体の監査委員が行うものとすることができる。

〔参照条文：法 286・287・287 の 2〕

99　広域連合

【No.099】　広域連合の記述として、妥当なのはどれか。

1　広域連合は、都道府県及び市町村に限り、当該団体の事務のうち、広域にわたり処理することが適当である事務を処理するために設置される。
2　広域連合の設置にあたっては、協議により規約を定めて、都道府県の加入の有無にかかわらず、総務大臣に設置の許可を得なければならない。
3　広域連合は、国又は都道府県から直接に事務の移譲を受けることが可能であるが、国又は都道府県に対し権限・事務の受託を要請することはできない。
4　広域連合は、構成団体が作成した広域計画に基づいて、その事務を処理するようにしなければならない。
5　広域連合は、一部事務組合と異なり、条例の制定改廃請求や事務の監査請求などの直接請求制度が準用され、より民主的な制度となっている。

ポイント整理

関係団体 ←規約を設置— 広域連合 — 国・都道府県
　　　　　←②広域計画—
　　　　　←③規約の変更—
　　　　　←④勧告・結果の報告を求めることができる—
　　　　　⑤議員・長
　　　　　直接又は間接選挙　　①事務の拡大

（**設置**）広域連合は、広域にわたる事務を処理するために設置される。一部事務組合よりも幅広い権能をもつのが特徴である。
○広域連合は、**都道府県、市町村及び特別区**に設置が認められる。

【No.099 解説】
1 誤り。広域連合は、都道府県、市町村に限らず「特別区」の事務を処理するためにも設置される。
2 誤り。「都道府県の加入する広域連合及び数都道府県にわたる広域連合」は、総務大臣に設置の許可を得なければならない。それ以外は知事の許可で足りる。
3 誤り。広域連合は、国又は都道府県に対し権限・事務の受託を要請することも「できる」。
4 誤り。広域計画は、広域連合の設置後に広域連合が作成し、この計画に基づき広域連合と構成団体がその事務を処理することになる。
5 正解。

○広域連合を設置するときは、都道府県の加入する広域連合及び数都道府県にわたる広域連合については総務大臣に、その他のものは都道府県知事に許可の申請をしなければならない。
①（**事務の拡大**）国・都道府県は、広域連合に対して事務を委託できる。その委託できる事務は、広域連合が処理している事務と「**関連する事務**」であるが、逆に広域連合の長が、国（都道府県）に受託を求める事務は、「**密接に関連**」する事務である。
②（**広域計画**）広域連合は、構成地方公共団体の基本計画と調和のとれた広域にわたる総合的な**広域計画を定め**、広域連合及び構成地方公共団体は、広域計画に基づいて事務を処理しなければならない。
③広域連合の長は、広域計画に定める事項に関する事務を総合的かつ計画的に処理するために必要があるときは、広域連合の議決を経て構成団体に対して**規約の変更を要請**することができ、構成地方公共団体はこれを尊重しなければならない。
④広域連合の長は、構成地方公共団体に対して広域計画の実施に関し、勧告及びその結果についての報告を求めることができる。
⑤広域連合は、議員及び長が、構成団体の住民による「**直接選挙**」、又は議員、長による「**間接選挙**」で選ばれる。その選挙方法は構成団体の選択にゆだねられる。
○広域連合は、**直接請求の対象**となる。
○一部事務組合は個々の事務に関する「**職能的**」な意味での共同処理方式であるのに対して、広域連合は、「**広域的な地域経営**」に関する共同処理方式である。

〔参照条文：法284・291の2・291の3・291の5・291の6・291の7〕

100　財産区

【No.100】　財産区の記述として、妥当なのはどれか。

1　財産区は、財産又は公の施設を所有し、処分又は廃止を行うことが認められるが、財産の管理は認められていない。
2　財産区は、市町村に認められる制度で、都道府県及び特別区には認められない制度である。
3　財産区は、当該地方公共団体から独立して財産又は公の施設を所有し、その管理、処分又は廃止のみを行うことを認める特殊な地方公共団体である。
4　財産区の財産には、山林、耕地、墓地、用水施設などがあり、公会堂などは財産区の財産に含まれない。
5　財産区は、特別地方公共団体であるので、能力が限定されており、法人格を有しない。

【No.100 解説】
1 誤り。財産区は、財産又は公の施設を所有し、「管理」、処分又は廃止を行うことが認められている。
2 誤り。財産区は、市町村及び「特別区」に認められる制度であるが、都道府県には認められない制度である。
3 正解。
4 誤り。財産区の財産には、山林、耕地、墓地、用水施設のほか、「公会堂」なども含まれる。
5 誤り。財産区は、特別地方公共団体であり、能力が限定されているが、「法人格は有する」。

ポイント整理
○財産区は、市町村制施行当時から引き続き存在する財産処分の場合、又は廃置分合や境界変更などによる財産処分の場合に**限り**、認められる。
○「**市町村又は特別区**」の一部において、一定の財産を有し又は公の施設を設け、それらの**管理及び処分**（廃止）を行うために設けられる。
○財産区は、2つ以上の区市町村にまたがって設置することはできない。財産区の設置は同一の地方公共団体の一部の財産に限られる。
○財産区は、「条例」で設置される。
○財産区は、特別地方公共団体であるから「法人格」を有する。
○財産区は、原則として固有の議会を有しないが、議会又は総会を設けることを妨げられない。
○都道府県知事は、議会の議決を経て区市町村などの条例を設定し、財産区の議会又は総会を設けて、財産区に関し区市町村の議会の議決すべき事項を議決させることができる。
○財産区を設置する区市町村は、財産区の収入及び支出について会計を分別しなければならない。
○財産区の内容となる財産又は公の施設には、山林、耕地、墓地、用水施設、公会堂などがある。

〔参照条文：法294・295〕

《解答一覧》

001……4	027……2	053……3	079……5
002……1	028……1	054……4	080……1
003……5	029……5	055……5	081……3
004……3	030……5	056……4	082……4
005……2	031……4	057……2	083……5
006……4	032……1	058……1	084……3
007……5	033……3	059……3	085……2
008……2	034……3	060……1	086……1
009……3	035……1	061……5	087……5
010……4	036……5	062……3	088……3
011……1	037……1	063……4	089……4
012……1	038……5	064……2	090……1
013……5	039……4	065……1	091……5
014……2	040……5	066……5	092……2
015……5	041……2	067……4	093……1
016……3	042……4	068……2	094……4
017……5	043……1	069……3	095……4
018……4	044……5	070……3	096……3
019……3	045……3	071……4	097……3
020……2	046……2	072……5	098……2
021……5	047……4	073……1	099……5
022……1	048……1	074……3	100……3
023……3	049……5	075……2	
024……3	050……3	076……5	
025……5	051……3	077……3	
026……4	052……4	078……4	

〈東京都・特別区「主任主事」受験対策〉

ポイントがよくわかる
地方自治法 100 問【高頻度出題問題集】

2013 年 11 月 28 日　　初版　発行

著　者　　昇任・昇格試験アドバイス会
発行人　　武内　英晴
発行所　　公人の友社
　　　　　〒112-0002　東京都文京区小石川５−２６−８
　　　　　ＴＥＬ　０３−３８１１−５７０１
　　　　　ＦＡＸ　０３−３８１１−５７９５
　　　　　Ｅメール　info@koujinnotomo.com
　　　　　ホームページ　http://koujinnotomo.com/